8° L 27
n
32914
ter

RANDEYNES & FILS

HISTOIRE

DU

PENSIONNAT MENPENTI

PREMIÈRE PARTIE

HISTOIRE

DU

PENSIONNAT MENPENTI

EXTRAITE DE

L'HISTOIRE DE MES CHUTES

PAR

l'Abbé POLYDORE JONJON.

In vacuum laboravi, sinè causâ et vanè fortitudinem meam consumpsi : ergo judicium meum!...
(ISAÏE, ch. 49, v. 4).

PROLOGUE

Avant de clore l'épisode de ma vie, qui comprend mon séjour à St-Remy, en qualité de vicaire, je crois devoir donner des couleurs acceptables à mon départ de cette ville et à ma sortie du diocèse d'Aix, et justifier à mes yeux cette grave résolution par des motifs au moins plausibles. Lorsqu'on s'approche de l'Eternité, et qu'on passe en revue certains actes douteux du passé, on aime à trouver des explications, qui, si elles n'absolvent pas complètement, peuvent être admises sans contestation pour des circonstances très-atténuantes.

J'avais obtenu, il est vrai, la permission de partir pour Marseille ; mais je l'avais, pour ainsi dire, arrachée des mains de mes supérieurs ; mes dernières supplications avaient revêtu une sorte de caractère impérieux, et semblaient exiger plutôt que demander une réponse affirmative ; étais-je donc assuré de faire la volonté de Dieu ? Je partis, j'en conviens, sans éprouver le moindre scrupule ; mais aujourd'hui je ne puis me dissimuler que je me faisais illusion, en couvrant du manteau de la prudence ce qui n'était qu'un entêtement et une sensibilité vaniteuse. (Voir à l'*Appendice,* n° 1, mon départ de St-Remy).

D'autre part la sincérité de la confession exige qu'on ne se fasse pas plus coupable qu'on ne l'est ; j'ajouterai donc à ma décharge qu'en fouillant dans les plis et replis de ma conscience, je ne me reconnais coupable d'aucune intention malsaine ; qu'aucune pensée d'ambition et de cupidité n'altérait la pureté de mon goût pour l'enseignement ; et que ces deux grands mobiles, qui gâtent souvent les actions en apparence les plus vertueuses et à l'influence desquels cèdent quelquefois les personnages les plus éminents, furent complètement étrangers à ma détermination.

En effet, je refusais à Aix le poste de professeur de rhétorique, pour accepter à Marseille celui de professeur de troisième ; et lorsque mes amis m'en témoignaient leur surprise, je leur répondais que, *fatigué de faire parler de moi,* je voulais m'ensevelir pour quelque temps dans les humbles travaux d'une classe secondaire ; persuadé qu'ils me tiendraient lieu de refuge, pour éviter la publicité et les occasions d'exposer mon nom et mes actes à la critique ; et j'étais tellement sincère en tenant ce langage que, si quelqu'un avait pu soulever devant mes yeux le voile de l'avenir, j'aurais reculé d'épouvante, et cela, sans exagération.

Quant à la cupidité, en renonçant aux paroisses, pour me livrer à l'enseignement, soit à Aix, soit à Marseille, je diminuais mes revenus ; j'avais écrit expressément à l'abbé Bicheron que je laissais le chiffre de mes honoraires à sa volonté, et que je les accepterais, quels qu'ils fussent ; je demandais seulement deux pièces, une pour chambre à coucher et l'autre pour cabinet d'étude ; mes honoraires furent fixés à 300 fr. ; on y ajouta 200 fr. lorsque je fus nommé directeur des classes.

D'ailleurs je n'ai jamais rien fait pour m'enrichir, ma vie tout entière l'atteste : aussi, après la perte de mes biens de famille, mon imprévoyance pour l'avenir, que mes amis m'ont souvent reprochée, m'aurait naturellement conduit à la misère ou au moins à la gêne, si la Providence n'avait fait en quelque sorte mes propres affaires.

Enfin je ne savais pas ce qui se passait au Séminaire de Marseille, que je considérais de loin comme une sorte de paradis terrestre ; je croyais, d'après les lettres qu'on m'écrivait, que l'harmonie la plus parfaite régnait entre le supérieur et les professeurs, et j'ignorais surtout qu'il ne venait d'être élevé à ce poste qu'à la suite d'un complot dont il avait été l'âme, contre son prédécesseur.

D'autre part on m'avait instruit jusque dans les moindres détails des difficultés que soulevait chaque jour l'administration faible et trop minutieuse de l'abbé Rouchon, supérieur du petit Séminaire d'Aix ; on m'avait raconté certaines scènes presque scandaleuses auxquelles avaient donné lieu tout à la fois la trop grande susceptibilité de l'un et les ridicules exigences des autres ; et comme je cherchais alors la paix par dessus tout, je fus effrayé de ce tableau et je me dis : au moindre tapage qu'il y aura encore, tu seras mis en cause, et on te l'attribuera ; prenons donc la fuite.

Me suis-je trompé ? la réponse est dans les faits dont je vais entreprendre le récit, et qui me donneront le droit de dire :

Pour éviter Charybde, on tombe dans Scylla.

N. B. — Voyez à l'*Appendice*, note 2me, la doctrine des anciens sur le professorat ; elle est d'autant plus remarquable que la plupart de nos familles chrétiennes l'ignorent, ou paraissent l'ignorer, puisqu'elles ne la pratiquent pas.

PREMIÈRE PARTIE

PROFESSORAT

AU

PETIT SÉMINAIRE DE MARSEILLE

CHAPITRE PREMIER

Année classique 1833-34

I

AVANT-PROPOS

Quoique le ministère des paroisses m'eût inspiré d'abord une grande répugnance, j'avais fini par ne pas m'y déplaire ; je trouvais même des charmes dans certaines fonctions, par exemple, la visite des malades ; la prédication, depuis que je m'étais habitué aux Cadeneaux à l'improvisation, m'était devenue plus facile, et j'abordais la chaire avec moins d'appréhension. Mon caractère facile et expansif m'ouvrait les cœurs des gens du peuple, avec lesquels j'ai toujours sympathisé ; mais je n'aimais pas à faire la cour aux bourgeois, encore moins à hanter les châteaux, à rechercher les invitations à dîner, etc.; aussi est-ce toujours avec ceux qui étaient à la tête de la paroisse ou de la commune que j'ai eu des affaires à démêler; et l'on a pu se convaincre, par la lecture des *chapitres précédents* (1), que je n'ai jamais pris l'initiative des discussions. J'aurais donc pu continuer à desservir une paroisse en qualité de vicaire ou même de curé; et avec l'aide de Dieu et un peu moins de ces contradictions qui dépassent les limites ordinaires, j'aurais fourni ma carrière dans ce genre de vie avec autant de succès, je le pense, que plusieurs de mes contemporains, auxquels, sans orgueil, je pouvais ne pas me croire inférieur.

Cependant je ne perdais pas de vue mes chères études classiques; le souvenir de mes triomphes scolaires, si purs et si touchants, faisait souvent diversion aux travaux obscurs et parfois humiliants des paroisses; j'aimais à causer latin, grec, histoire, littérature, lorsque l'occasion se présentait; j'ai toujours eu à Salon et à St-Remy des enfants qui prenaient chez moi gratuitement des leçons de latin; ainsi ma vocation à l'enseignement était en quelque sorte un feu caché sous la cendre, qui devait tôt ou tard éclater; je me sentais appelé à cette carrière par un penchant auquel je me gardais bien de résister. La Providence m'y destinait tellement que, lorsque, au mois d'octobre 1833, je mis le pied dans le petit Séminaire du Sacré-Cœur, pour y être professeur, la première fois de ma vie, je me mis à l'œuvre, personne ne le niera, comme un vétéran, et qu'aujourd'hui encore à 70 ans, la classe est mon occupation journalière.

Mon entrée au petit Séminaire fut donc comme la réalisation d'un long rêve; j'aimais déjà ces fonctions que je n'avais pas encore exercées avec une affection sincère, que je ne pouvais dissimuler; je n'étais frappé

---

(1) Allusion à l'*Histoire de mes Chutes.*

que des brillantes couleurs de la rose, sans en voir les épines ; j'étais heureux en pensant que j'allais communiquer ce que j'avais appris, à des élèves avides de savoir, leur aplanir les voies, leur diminuer les difficultés que j'avais surmontées par des efforts persévérants, leur faire aimer l'étude et par conséquent employer le moins possible les moyens coercitifs pour les faire travailler ; trouver des occasions journalières de vérifier la bonté de certaines pratiques que j'avais imaginées et qui demandaient la consécration de l'expérience. Je me proposais non-seulement de viser au développement des facultés intellectuelles des élèves, mais encore de chercher surtout à diriger les facultés morales, en sondant leurs cœurs, et me faisant, s'il était possible, le confident de leurs pensées et de leurs tendances ; enfin j'espérais recueillir, comme un fruit naturel, et comme la plus douce et la plus légitime récompense de mon dévoûment et de ce que les Païens eux-mêmes ont appelé un second enfantement, leur affection filiale, actuelle et persévérante jusqu'à la mort, et par dessus tout la reconnaissance impérissable des familles que j'allais remplacer dans la charge sacrée de l'éducation.

Tels étaient les rêves dorés que je faisais sur mes nouvelles fonctions, que je croyais sans témérité être au niveau de mes forces, lorsque je me trouvai en face de mes premiers élèves.

Je fus reçu à Marseille par M. l'abbé Bicheron, M. l'abbé Fouquet, mon ancien surveillant, et surtout B***, mon ancien condisciple et ami, avec des transports de joie ; ma rentrée dans cette maison où j'avais passé avec bonheur trois années de mon éducation scolaire et j'avais chanté naguère ma première grand'messe, fut une sorte d'ovation. Mais avant d'exposer mes travaux pédagogiques, je dois faire connaître les principaux acteurs du drame qui va commencer.

II

PORTRAITS

1° Mgr Fortuné de Mazenod n'était ni un puits de science ni un foudre d'éloquence; l'illustration de son nom et de puissantes protections l'avaient fait évêque de Marseille; incapable peut-être d'administrer une paroisse un peu importante, évidemment il n'aurait pas pu tout seul supporter le poids d'un diocèse, tel que celui de Marseille; mais il y avait alors plusieurs curés qui l'auraient aisément partagé avec lui; et comme à part les qualités intellectuelles qui laissaient beaucoup à désirer, il avait abondamment celles du cœur, il eût été infailliblement adoré des fidèles et du clergé tout entier, s'il était venu tout seul prendre possession de son siége et s'était entouré des prêtres éminents dont je viens de parler.

2° Mais Mgr Fortuné avait un neveu, qu'il appelait familièrement Eugène, qu'il aimait tendrement et de qui il était aimé avec la même affection, je n'en doute pas; ce neveu, après avoir joué dans le monde un rôle qui ne me regarde pas, se sentit appelé à l'état ecclésiastique: devenu membre du clergé, il y apporta son caractère vif, entreprenant et indépendant; il fallait qu'il fût à la tête de quelqu'un ou de quelque chose; il fonda à Aix une congrégation de jeunes gens, qu'il recruta parmi les étudiants en droit; ce n'était-là qu'une bouchée pour son zèle dévorant; il réunit autour de lui quelques prêtres pieux, plus ou moins instruits, sur lesquels il exerçait par le prestige de son nom une grande influence et auxquels il était certainement supérieur par l'intelligence; il en fit des missionnaires de Provence, spécialement dévoués à l'instruction des pauvres et des habitants des campagnes, auxquels ils prêchaient la parole de Dieu dans l'idiome provençal. Les uns, fougueux orateurs et d'une voix tonnante, entraînaient les masses et opéraient, il faut en convenir, des prodiges de conversion ; les autres, moins ardents, mais plus onctueux et non moins pathétiques, poursuivaient et complétaient l'œuvre des premiers ; ils la reformaient même quelquefois lorsqu'elle était exagérée. M. l'abbé Eugène de Mazenod appartenait à la 2me classe. Il avait incontestablement à cette époque une réputation bien établie de sainteté et d'éloquence ; il poussait l'amour de la pauvreté jusqu'à une sorte de coquetterie ; ainsi les soutanes râpées, les chapeaux usés et les souliers raccommodés ne lui déplaisaient pas ; mes compatriotes en furent témoins pendant la mission qu'il donna à St-Chamas. Mais si l'on a souvent les qualités de ses défauts, on a aussi réciproquement les défauts de ses qualités.

On voit M. l'abbé de Mazenod en 1820, à la mission de Marseille, à la tête de ses missionnaires, évangélisant les vieux quartiers, tandis que les missionnaires de France remplissaient les mêmes devoirs dans la nouvelle ville. Il y avait parmi ces derniers des hommes bien supérieurs aux premiers pour les talents et l'instruction ; ils avaient de plus sur ceux-ci l'avantage de parler un français correct, élégant, avec une voix sonore et l'accent du Nord, ce qui pour les Marseillais, même ceux de St-Laurent et des Carmes, l'emporte toujours sur les discours les mieux écrits et les plus solides des prêtres Provençaux. La piété, le zèle et les bonnes intentions de tous ces ouvriers évangéliques, qui travaillaient à la même vigne du Seigneur, étaient incontestables ; mais de la rivalité à la jalousie le passage est étroit et la pente rapide ; de 14 à 25 ans je ne croyais pas qu'il fût possible que des hommes qui, pour conquérir des âmes à Dieu, se livrant chaque jour à des prédications pieuses, ne s'aimassent pas entre eux comme des frères ; à plus forte raison qu'ils se permissent la fine raillerie, la critique amère, la médisance malicieuse.

Je ne poursuis pas cette nomenclature des intempérances de langue ; j'ai su plus tard qu'elles sont beaucoup trop usitées parmi ceux qui hantent le Sanctuaire ; j'ai donc compris sans l'avoir ni vu ni entendu, (j'étais trop jeune pour m'occuper de ces misères) que *l'homme ennemi* ne perdait pas son temps, tandis que les missionnaires consacraient leurs sueurs et leurs veilles à éclairer les âmes et à les sauver. S'il ne lui fut pas donné d'empêcher ni encore moins de détruire l'œuvre grandiose qu'ils avaient entreprise, qu'ils achevèrent avec tant de succès et dont nous avons encore de beaux restes, il est certain qu'il sema l'ivraie au milieu du bon grain. On sait ce qui se passa le jour même de l'installation de Mgr Fortuné de Mazenod, comment les missionnaires de France furent honteusement expulsés, et remplacés dans leur ministère par les missionnaires de Provence. Je m'abstiens de me prononcer sur cette mesure ; mais à coup sûr, elle n'était pas opportune ; les quelques missionnaires de France qui continuaient à Marseille avec zèle et talent, l'œuvre de la mission, jouissaient de l'estime générale et surtout de la confiance des dames de l'aristocratie financière ; chasser sans transition et sans préliminaires ces prêtres, anciens collaborateurs, c'était faire preuve d'une audace brutale, qui devait annoncer aux moins clairvoyants un avenir chargé de tempêtes.

Lorsque l'abbé de Mazenod fonda ses missionnaires, qui sont devenus plus tard les *Oblats de Marie*, il avait pris cette devise modeste, qui fit partie plus tard de ses armoiries d'évêque : *ad evangelizandum pauperibus misit me*. Lorsqu'il arriva avec son oncle revêtu des titres de premier vicaire général et de grand prévôt du Chapitre, était-ce encore Dieu qui l'envoyait cette fois, pour évangéliser les riches et les pauvres, les grands et les petits, les fidèles et le clergé, ou bien s'était-il jeté de son propre mouvement dans cette nouvelle voie ? Pour moi, qui ai vu de fort près cet homme, la réponse n'est pas douteuse.

Il n'entre pas dans mon plan de faire maintenant l'histoire de cette longue administration qui a duré près de quarante ans ; je dois me borner à en présenter quelques traits généraux, qui suffiront pour faire connaitre le fonds de ma pensée.

L'esprit de domination animait M. l'abbé Eugène en tout et partout ; après avoir ameuté les jeunes prêtres qu'il cajolait et qui le flattaient, contre leurs curés dont on rendait ainsi la position insoutenable, il les brisa à leur tour, comme des instruments devenus inutiles ; il a destitué et interdit des curés titulaires, même un supérieur du grand Séminaire, qu'il a nommé curé, quelques années après, afin de prouver sans doute la sagesse et la justice de sa première décision. Il relégua pendant plusieurs années dans une des paroisses les plus minimes de la banlieue, un prêtre, le plus instruit de ce temps, quoiqu'il eût professé la rhétorique et la théologie ; tout son crime était d'avoir critiqué certains actes administratifs avec une naïveté et une candeur d'enfant. (1).

Comme il fallait beaucoup d'argent pour exécuter les vastes projets de construction qu'il avait conçus, il n'était pas toujours délicat sur le choix des moyens ; en sorte que la cupidité marchait de pair chez lui avec l'ambition.

Ainsi il a tenu à ce que la nouvelle Cathédrale fût construite sur l'emplacement de l'ancienne, quoiqu'il faille des siècles pour que ce monument soit au centre de la ville, parce qu'il était possesseur de quelques terrains, dans les environs.

Qui plus que lui fut royaliste ou carliste avant 1830 ?

---

(1) M. l'abbé Carrier, mon compatriote.

Mais pour être nommé évêque de Marseille et supplanter son oncle de son vivant, il n'a pas hésité de faire sa cour à Louis-Philippe. Toute la ville de Marseille a été témoin du rôle ridicule qu'il a joué en 1848. Son républicanisme a été de courte durée ; nous le voyons impérialiste sous Napoléon III ; il serait redevenu républicain sous M. Thiers.

Cependant pour être juste, je reconnais qu'il avait de grandes qualités ; il avait une volonté de fer, lorsqu'il s'agissait de triompher d'un obstacle quelconque ; c'est ainsi qu'il est parvenu à doter le diocèse de nombreuses institutions qui lui ont survécu et de plusieurs églises absolument indispensables pour les besoins de la population.

Il savait aimer et se faire aimer de certains prêtres qu'il comblait d'honneurs ; s'il avait pu imposer la confiance et l'amour, comme on exige l'obéissance et l'on inflige un châtiment, il l'aurait fait ; aussi se montrait-il souvent affable, familier, populaire ; mais tous ces dehors de mansuétude, qui n'étaient pas pourtant de l'hypocrisie, parce qu'ils lui étaient naturels, faisaient place bientôt à une sévérité impitoyable dès qu'il se trouvait en face de la moindre opposition.

Quoiqu'il se dît ultramontain, parce qu'il avait introduit à Marseille certaines cérémonies de la liturgie romaine et qu'il croyait à l'infaillibilité du Pape, il n'en respectait pas davantage les lois ecclésiastiques : on lui attribue ces paroles caractéristiques : *le Droit Canon, c'est moi.*

Dans une brochure intitulée *Les Frères Quêteurs,* l'auteur appelle quelque part Mgr de Mazenod *le grand prélat ;* comme tout est relatif en ce monde, il est certain qu'en le comparant aux Cruice, aux Place et aux Robert, ses trois successeurs, il les a dépassés autant par son talent administratif que par la majesté de sa taille ; je pense aussi que l'auteur a dû être légitimement indigné de ce qu'après la mort de cet évêque si puissant pendant sa vie et parconséquent si respecté et si redouté, le haut clergé marseillais s'empressa d'insulter à sa mémoire dans une adresse fameuse ; monument de couardise et de cette sorte d'énergie, qui n'est que *de la moutarde après dîner*.

Enfin, pour terminer cette simple esquisse par un fait final qui résume tout et peint l'homme d'un seul trait, Mgr Eugène n'a pas rougi d'écrire de sa propre main dans son long et interminable testament qui fut lu en chaire, comme partie intégrante de l'oraison funèbre, *qu'il ne comprenait pas comment il pouvait se faire qu'il eût des ennemis*, lui, disciple d'un Dieu crucifié ! *Mendaces filii hominum in stateris !*

Comme il fallait que tout pliât le genou devant lui, il avait eu soin de se donner un entourage poussant la docilité et la souplesse jusqu'à la servilité et en général peu favorisé pour les dons de l'intelligence. Parmi ceux qui furent les instruments aveugles de son omnipotence et qui en ont assumé tout l'odieux, je dois citer l'abbé Tempier.

3° Après avoir conduit des chevaux de renfort sur la grande route d'Aix à St-Cannat pendant son enfance et même une partie de son adolescence, il se livra brusquement aux études préparatoires qui l'introduisirent au grand Séminaire ; lorsqu'il eût été ordonné prêtre, on le nomma vicaire à Arles, où sa piété, il faut le dire, fut remarquée. J'ignore s'il se rendit de son propre mouvement auprès de Mgr de Mazenod, ou si celui-ci l'appela auprès de lui ; singulière vocation à l'état de missionnaire pour un homme qui, plus tard, lorsqu'il était supérieur du grand Séminaire, ne pouvait pas achever la plus courte période sans tousser après chaque mot. Mais il avait, dit-on, pour compenser les défauts d'éloquence et de littérature, une facilité étonnante pour le calcul, l'arpentage et le mesurage ; il fut toujours le grand entrepreneur des travaux de maçonnerie qui furent exécutés sous les de Mazenod.

Un jour (c'était au début de la nouvelle administration) en plein Conseil, présidé par l'évêque, M. l'abbé Tempier dit à M. Bonnefoy, curé de St-Théodore, vicaire général honoraire : *Monsieur, ce que vous dites-là est déplacé ;* — *Monsieur*, répliqua vertement l'honorable curé, *il n'y a ici de déplacé que vous.*

Je passe à d'autres.

4° L'abbé Jeancard, aujourd'hui évêque de Cérame *in partibus* et chanoine de St-Denis, était entré fort jeune dans l'ordre des Oblats ; lorsque je l'ai connu en 1833, il en était sorti ; or ce qui m'étonne, ce n'est pas qu'il en soit sorti, mais qu'il y soit entré ; actif, pétulant, fin railleur et surtout intelligent et instruit beaucoup plus que tous les autres familiers de Mgr de Mazenod, il les dominait par son talent et les tourmentait par ses moqueries ; il n'avait du missionnaire ni l'aptitude ni le sérieux ; je tiens d'une de ses cousines, qui demeurait rue de l'évêché, qu'*il ne se gênait pas, dans ses conversations pétillantes d'esprit, de ridiculiser les populations qu'il était allé évangéliser, de ce qu'elles accompagnaient en pleurant les missionnaires jusqu'aux portes du village.*

Après avoir quitté les Oblats, je ne sais pourquoi, il se retira, dit-on, dans son diocèse de Fréjus ; il était même sur le point d'être nommé curé d'une paroisse importante, lorsque Mgr de Mazenod, qui ne pouvait se passer de sa plume, le rappela et l'attacha définitivement au diocèse de Marseille par un canonicat titulaire, avec les fonctions de secrétaire particulier, qui étaient réelles, et celles de professeur au grand Séminaire, qui étaient un peu *ad libitum*. On conçoit qu'un homme de cette trempe devait être le confident naturel de l'abbé Bicheron ; c'était curieux d'entendre ces deux hommes, comme cela m'est arrivé par hasard, éplucher la conduite, le genre de vie et les moindres paroles des divers membres de l'administration et de faire des critiques, qui, par ricochet, tombaient sur le chef lui-même. On prétend qu'il travaille à la vie de Mgr de Mazenod, son bienfaiteur ; mais si cette œuvre n'est pas encore achevée, je doute, d'après ce que j'entends dire de son état physique et moral, qu'il soit capable d'y mettre la dernière main. Comme le lion malade, il a perdu ses dents, jadis si redoutables aux curés, lorsqu'il accompagnait son évêque dans les visites pastorales ; on peut donc dire de lui : *Quantùm mutatus ab illo!* Mais

Le temps qui change tout, change aussi nos humeurs.

5° M. l'abbé ou le Père Eugène, comme on voudra, en prenant possession, sous le nom de son oncle, du diocèse de Marseille, voulut bien admettre dans son conseil, deux curés, celui de St-Théodore, dont je viens de parler, et celui de St-Vincent-de-Paul ; mais comme je viens de l'insinuer, la corde ne tarda pas à être tendue ; à leur mort, ils ne furent pas immédiatement remplacés par d'autres membres du clergé ; il faut en effet au grand Sultan des eunuques serviles et surtout silencieux.

Cependant lorsque nos démêlés commencèrent, je trouvai M. Flayol, ex-curé de Roquevaire et M. Chaix, ex-curé de Notre-Dame-du-Mont, grands vicaires titulaires.

Le premier, je n'en doute pas, a dû être un excellent curé ; mais, s'il avait eu une ombre d'intelligence et la conscience de sa position, il aurait compris qu'il n'était pas autre chose à l'évêché qu'un plastron, objet de railleries ; il eut le malheur de se prendre au sérieux, surtout dans le débat qu'il engagea dans l'affaire *Menpenti*.

M. l'abbé Chaix était à cette époque l'aigle du clergé, l'âme et le conseil des jeunes prêtres qui avaient un avenir ; il n'était ni prédicateur ni écrivain ; mais il passait pour être un théologien, qualification qui alors tenait lieu de beaucoup d'autres, comme plus tard celle d'administrateur, qu'on a donnée aux prêtres qui ont eu l'adresse d'endetter leurs fabriques, pour améliorer, enrichir, peindre et même reconstruire leurs églises. Avec des mots on a toujours mené les hommes.

Ces deux vicaires généraux sont morts presque immédiatement après la lutte que j'ai soutenue contre eux ; on a osé dire que je les avais tués. *Post hoc, ergo propter hoc.* Comme si celui qui repousse une injuste attaque, pouvait être responsable des blessures même mortelles que reçoivent les agresseurs.

J'arrive au petit Séminaire du Sacré-Cœur, aujourd'hui Collége Catholique ou Ecole Belsunce. J'y trouve parmi mes anciennes connaissances l'abbé Fouquet, l'abbé B***, depuis longtemps séculier, et M. l'abbé Bicheron.

6° L'abbé Fouquet avait passé son enfance et son adolescence au petit Séminaire ; après une absence de quelques années, à cause du service militaire, il y était revenu pour y passer son âge viril ; il y passera sa vieillesse et il y mourra, revêtu presque toujours de la même fonction de surveillant ; il a observé avant d'entrer dans les ordres, les interstices aussi rigoureusement que possible ; il n'a jamais été en effet capable ni de faire un prône ni de parler aux élèves un quart d'heure sur un sujet quelconque ni même d'entendre la confession de qui que ce soit ; la direction de sa propre conscience lui suffisait ; ajoutez-y la récitation du bréviaire et la messe, c'était tout ce que ses épaules pouvaient supporter.

Eh bien ! cet homme avait un talent, d'autant plus rare, qu'il produisait en quelque sorte deux effets contraires ; il savait se faire craindre et aimer ; il n'avait ni une figure imposante ni une contenance majestueuse ni la parole facile ; il dépassait quelquefois même les limites de la modération par sa vivacité ; mais on l'aimait toujours, parce qu'il aimait lui-même les élèves avec beaucoup d'entrain et prenait volontiers ses ébats avec eux.

Dix ans environ s'étaient écoulés, depuis que je l'avais

laissé surveillant et mon surveillant ; je le retrouvai surveillant et je devins son supérieur, lorsque je fus nommé directeur des classes. A-t-il vu mon élévation d'un œil favorable ? je ne le pense pas. Je crois qu'il partagea les préventions des professeurs contre moi, sans toutefois se montrer ouvertement hostile.

Cependant un jour à une grande promenade, il me fit une petite scène ridicule, qui me prouva qu'il digérait mal mon élévation : « Vous oubliez, me dit-il, que j'ai été votre professeur. » J'avoue que j'eus tort de lui répondre : « Vous n'avez jamais été mon professeur ni digne de l'être. » J'en fus d'autant plus fâché que le soir même, comme il avait la conscience timorée, il reconnut son tort et me fit des excuses.

Cela ne m'empêchait pas d'être son défenseur, sans qu'il s'en doutât, auprès de M. Bicheron, qui ne l'encaissait guère.

Pendant l'octave de la Fête-Dieu, il avait été invité par un curé de la banlieue à porter le St-Sacrement à la procession. La longueur de la cérémonie l'empêcha d'arriver à l'heure du coucher des élèves, et je le remplaçai, sans faire le moindre embarras de cet incident. Mais M. Bicheron, qui *avait la passion du règlement,* voulut donner une leçon énergique au retardataire, en ordonnant aux domestiques de fermer les portes de la maison, et forçant ainsi le pauvre abbé Fouquet d'aller coucher en ville, à l'hôtel ou ailleurs.

L'inexorable supérieur avait compté sans la pieuse ruse de l'abbé Chirac, qui trouva moyen d'ouvrir la porte de la basse-cour, sans toucher à la serrure. L'abbé Fouquet arriva tout essoufflé à sa chambre, où il me trouva surveillant le dortoir et je le tranquillisai de mon mieux.

Avec un autre homme, c'eût été une affaire finie ; et en effet le lendemain je n'y pensais plus, lorsque M. Bicheron me manda auprès de lui et m'annonça qu'il venait de l'évêché pour y demander la sortie de M. l'abbé Fouquet et qu'il allait devant moi lui signifier cette décision, comme si elle avait été prise avec mon adhésion.

L'honnête criminel comparut en effet devant nous et, après avoir entendu sa sentence aussi pâle qu'un mort, il sortit précipitamment et courut vers sa chambre comme hors de lui-même ; redoutant quelque catastrophe, je le suivis ; à peine arrivé, il s'étala sur son lit, où il resta environ deux heures sans connaissance ; je fis venir immédiatement les domestiques, et pendant qu'on lui donnait les soins les plus empressés, je me hâtai de descendre chez M. le supérieur, pour le prévenir de ce qui se passait. « Allez vite lui annoncer, me dit-il, avec son rire sardonique, que j'ai voulu seulement plaisanter. » Drôle de plaisanterie en effet qui explique bien des choses.

Dans ses dernières années, l'abbé Fouquet n'avait plus au Collége Catholique qu'un titre qui rappelait ses anciennes fonctions ; il est mort chanoine honoraire, regretté de tous ceux qui l'avaient connu de près.

7° M. l'abbé B*** avait été mon condisciple au petit Séminaire pendant deux ans ; c'était un des nombreux élèves de l'abbé Audric, curé de St-Barnabé ; le presbytère en effet de cet homme de Dieu a été pendant longtemps une pépinière d'ecclésiastiques, presque tous excellents sujets.

Nous devions nous retrouver chez les Jésuites, lorsque l'arrivée des de Mazenod nous obligea de rentrer dans notre diocèse ; Mais, je fus atteint de la fièvre à Saint-Chamas, quelques jours avant mon départ ; et je ne pus reprendre mes études qu'au mois d'octobre suivant ; ce ne fut donc qu'après la rhétorique que Polydore put renouveler au grand Séminaire avec Narcisse (c'est ainsi que nous nous appelions) nos relations d'amitié et reprendre notre chère étude de la langue grecque, qui avait alors si peu d'amateurs qu'on nous traitait sans façon d'*originaux* ; il fallait en effet l'être un peu, pour entretenir, pendant les vacances, une correspondance en grec, dont j'ai conservé des échantillons.

B*** se distinguait par ses réparties spirituelles, la vivacité de son imagination, et une logique incisive ; mais il n'avait pas le caractère égal, et sa franchise dégénérait quelquefois en brusquerie choquante ; son jugement n'était pas toujours droit et il poussait beaucoup trop loin la susceptibilité ; ce défaut qu'il n'a pas su maîtriser, le rendait ombrageux et devait amener plus tard des collisions fâcheuses entre lui et ses meilleurs amis.

Lorsqu'il eût fini sa théologie deux ans avant moi, il remplaça l'abbé Pasquier, comme professeur de philosophie ; nos relations n'en devinrent que plus intimes. Aussi lorsque j'ai célébré ma première messe basse, le lendemain de mon ordination, il fut un de mes deux servants. Notre correspondance en grec est un témoignage irrécusable de la sincérité de l'amitié qui nous unissait alors.

Pendant que j'étais à Salon et aux Cadeneaux, il était toujours professeur de philosophie au grand Séminaire ; mais son caractère indépendant, ses opinions philosophiques qui étaient opposées à celles des Sulpiciens, et d'autres motifs d'hésitation dont je ne me suis jamais informé, mirent de la froideur entre eux et lui. Bref, il était professeur de rhétorique à Marseille, lorsque j'étais à St-Remy. Ce fut donc avec un vrai bonheur que nous retrouvâmes lui et moi l'occasion de nous revoir, de vivre de nouveau sous le même toit et à la même table, de reprendre le cours de ces études que nous avions cultivées avec tant d'ardeur et de renouer ainsi les nœuds d'une amitié qui avait paru se ralentir par une séparation forcée de trois ans.

Hélas ! l'homme propose et les événements disposent.

8° J'ai dit ailleurs pour quel motif j'avais brisé une lance avec l'abbé Bicheron, lorsqu'il était curé de Grans et comment nous nous réconciliâmes ; j'ai aussi exposé les troubles que provoqua la fameuse circulaire Rey-Abel, pour l'anniversaire des trois journées en 1831. M. le curé de Grans ne se contenta pas d'y faire de l'opposition ; il se démit même de sa cure et se retira à Marseille où il fut parfaitement accueilli par Mgr de Mazenod, le neveu, qui avait pu l'apprécier pendant le séjour de quelques mois qu'il avait fait à Grans, auprès de M. de Joannis, son parent.

M. l'abbé Bicheron était intelligent, caustique, frondeur ; ses critiques de l'administration Rey plaisaient d'autant plus à M. l'abbé de Mazenod qu'elles se rapprochaient de ses opinions politiques qui tendaient alors à la monarchie de la branche aînée ; et que d'ailleurs M. le grand prévôt, même lorsqu'il fut revêtu du caractère épiscopal, n'a jamais imposé silence à ceux qui critiquaient avec esprit les défauts de ses voisins.

Le petit Séminaire du Sacré-Cœur avait été d'abord confié à une société de prêtres, qui remplacèrent M. Ripert, lorsque celui-ci fut nommé chanoine titulaire ; j'ai toujours ignoré l'organisation de ces prêtres, qui avaient pris le nom de Prêtres du Bon-Pasteur, sous les auspices de quelques vieillards qui avaient appartenu jadis à cette congrégation ; leur premier supérieur fut l'abbé Caire, qui les quitta bientôt, pour se rendre à Paris, où l'appelaient ses talents et de hautes protections. M. l'abbé Carentène, mon ancien professeur de quatrième, lui succéda, mais ne le remplaça point.

Cependant comme il avait beaucoup de dignité extérieure, d'affabilité et de savoir vivre, que les professeurs des hautes classes soutenaient par leur zèle éclairé la réputation de la maison, et qu'il avait un talent tout particulier pour diriger les travaux des ouvriers, il fut le premier à faire sortir cette maison de sa vieille ornière et à lui donner cette allure d'élégance et ce goût pour les beaux-arts, qui en ont fait une des premières maisons d'éducation de Marseille. Lorsque j'y ai chanté ma première grand'messe à la Noël de 1829, M. l'abbé Carentène en était encore supérieur ; ce fut pour lui et pour moi un vrai jour de fête ; il m'avait aimé, lorsque j'étais son élève ; de mon côté je ne l'avais jamais oublié.

Ces prêtres du Bon-Pasteur, parmi lesquels on distinguait MM. Pontier, Desnoyer, Fissiaux, etc., soutenaient la maison à leurs frais et dépens ; mais ils en retiraient les bénéfices qui commençaient à être importants et n'entraient pas dans la caisse du diocèse. Cet établissement de fraîche date ne reposait pas sur des bases bien solides, puisqu'un souffle seul de M. de Mazenod suffit pour le renverser et en disperser les débris à tous les vents ; que se passa-t-il entre ces Messieurs et l'administration épiscopale ? je l'ignore. Mais évidemment une maison qui volait de ses propres ailes et dont la caisse n'était pas commune avec celle du diocèse, ne pouvait pas être viable.

M. l'abbé Bicheron était arrivé dans ces entrefaites ; on jeta naturellement les yeux sur lui, pour en faire un supérieur ; mais en homme habile, il déclina cet honneur et cette responsabilité ; ce n'est pas en effet sans quelque danger de ne pas réussir qu'on succède à un personnel de directeurs et de professeurs, qui ont su mériter l'estime et l'affection des parents et des élèves. Il fit donc mettre à la tête de la maison M. l'abbé Meistre, ancien élève de M. Ripert, prêtre intelligent, pieux et instruit, mais dont la capacité, comme administrateur, laissait beaucoup à désirer. M. l'abbé Bicheron se réserva la seconde place, c'est-à-dire, le titre de directeur ; « Si
« l'affaire n'avait pas réussi, disait-il confidentiellement,
« il m'eut été facile d'attribuer l'échec au supérieur et de
« donner à comprendre que j'aurais mieux fait que lui. »
Cependant comme M. l'abbé Meistre était un homme de mérite, qu'il avait quelques bons professeurs et que d'ailleurs la mobilité du caractère marseillais se prête à

tous les changements, la maison marchait sur le même pied qu'auparavant ; et toute la gloire en rejaillissait sur M. Meistre, beaucoup plus connu à Marseille que M. Bicheron. Le moment était donc venu pour celui-ci de sortir du second rang et de monter au premier.

Pour atteindre ce but, le moyen le plus efficace était de perdre M. Meistre dans l'esprit de M. de Mazenod, de dissimuler ou de présenter sous un faux jour ses qualités, de faire ressortir ses défauts, d'ameuter contre lui les jeunes professeurs, de lui susciter de leur part des querelles journalières ; en un mot de lui rendre la position insoutenable par une suite continuelle de vexations aussi odieuses que ridicules. Mais ce moyen-là n'était pas honnête ; qui en doute ? Est-il bien sûr qu'il ait été employé sur une échelle plus ou moins large ? J'en douterais moi-même, si je n'étais pas arrivé presque immédiatement après la chute de M. Meistre et le triomphe de l'abbé Bicheron et si je n'avais pas vécu avec les principaux complices. On croira peut-être qu'il faisait ostensiblement de l'opposition et qu'il commandait lui-même le feu ; oh ! certes non ; il avait soin d'assister de loin à ces luttes de bas étage, et se contentait d'entretenir l'animosité dans des conciliabules clandestins ; puis M. l'abbé Jeancard faisait à l'évêché le récit de tous ces tiraillements avec ce talent de railleur qui le distinguait, et suppléait par son crédit à la hardiesse qui manquait à son cher ami.

Ainsi à Pâques, M. l'abbé Bicheron fut nommé supérieur du petit Séminaire du Sacré-Cœur et pour fiche de consolation, on plaça M. Meistre à St-Martin avec le titre de pro-curé. Ce changement se fit au milieu de l'année classique, afin, disait l'abbé Bicheron, de le rendre moins ostensible, et par conséquent moins nuisible aux intérêts de la maison ; il faut en effet que le mécontentement soit bien grave, pour qu'un père de famille s'expose à compromettre les études de son fils, en changeant d'institution, lorsque l'année classique est très-avancée.

On verra bientôt que ce calcul ne réussit pas, lorsqu'il fut décidé de l'employer contre moi.

9° Il me reste à dire quelques mots sur un de mes condisciples, qui s'est distingué dans ce temps-là par son opposition virulente à l'administration du diocèse.

L'abbé Lazare Martin, un des prêtres marseillais les plus intelligents de mon époque, dont le talent précoce, pour certaines questions qui sont ordinairement au-dessus de la portée des écoliers, lui faisait dédaigner souvent les travaux classiques, avait sur tous ses condisciples même des classes au-dessus de la sienne, une incontestable supériorité ; il exerçait donc sur eux une influence presque irrésistible à cause de l'énergie de son caractère, de l'indépendance de son langage et de ses tendances un peu trop vives pour la critique ; les professeurs mêmes avaient à compter avec lui.

Cependant, quoique bon élève, il n'était pas le plus fort de sa classe ; je lui étais sans contredit supérieur pour les leçons et certains devoirs, qui semblaient ne pas être dignes de sa colère ; mais, comme il lisait beaucoup, lorsqu'il saisissait le sens des versions, sa traduction était ordinairement plus élégante que la mienne.

Nos caractères, quoique différents, ayant néanmoins plusieurs rapports de ressemblance, nous nous liâmes d'amitié et nos relations n'ont cessé qu'avec sa mort. Mais je n'étais pas son confident en toutes choses, parce qu'il savait que mon indépendance n'allait jamais jusqu'à dépasser certaines limites.

Ainsi un jour, M. Renoux, notre professeur de seconde, homme très-capable, que j'aimais beaucoup, tout à la fois comme homme et comme professeur, malgré quelques excentricités de caractère, arriva en classe, traînant à sa suite les professeurs et les principaux élèves des classes de troisième et de quatrième ; nous fûmes surpris d'une réunion dont nous ignorions le motif ; mais bientôt l'épouvante succéda à l'étonnement, lorsqu'il annonça qu'un de nous l'avait outragé, en le couvrant de ridicule, dans une lettre adressée à un élève des Jésuites ; et en même temps il sortit cette lettre de sa poche et nous en fit lecture sur un ton visiblement ému ; or l'abbé Martin qui était l'auteur de cette lettre était à mes côtés ; je passais pour être son confident, quoique je ne le fusse pas toujours ; aussi M. Renoux n'hésita pas à m'accuser publiquement de complicité.

Le résultat de cette scène dramatique fut, on devait s'y attendre, le renvoi de Martin, qui alla terminer son année classique chez M. Abel, à Aix ; quant à moi, je n'eus pas de peine à prouver mon innocence ; j'en fus quitte pour la peur et je recouvrai sans efforts les bonnes grâces de M. Renoux, que j'ai toujours fréquenté dans la suite jusqu'à sa mort.

Mes relations avec Martin n'en cessèrent pas pour cela ; pendant les vacances que je passais à Marseille, comme je l'ai dit, nous nous voyions très-souvent ; c'est lui qui m'introduisit à la congrégation de M. l'abbé Allemand, prêtre d'une sainteté toute spéciale, à qui aucun de ses disciples n'a ressemblé, pour la simplicité, quoiqu'ils aient presque tous été des prêtres fort remarquables.

L'abbé Martin était alors, comme l'on dit, dans la manche de M. de Mazenod ; aussi fut-il ordonné prêtre, bien avant l'âge requis, et il n'avait pas encore vingt-quatre ans, qu'il était déjà curé de St-André ; c'est là que je le trouvai, lorsque étant diacre, je vins prendre mes dernières vacances ; je le revis à la Noël, après avoir été ordonné prêtre.

Pendant que j'étais vicaire à Salon, on le retira de St-André où son caractère entreprenant était à l'étroit, et on le plaça vicaire à St-Ferréol, dont le curé l'avait connu fort jeune, lorsqu'il était vicaire lui-même à St-Laurent. Que s'est-il passé entre ces deux hommes ? j'ai oublié les détails de leur antipathie ; mais autant que ma mémoire est fidèle, Martin ne dissimulait plus ses tendances libérales et ses répugnances pour le gallicanisme, qu'il puisait dans les œuvres de Lamennais et la lecture du journal *L'Avenir ;* chose remarquable ! à cette époque aux yeux de l'ancien clergé, quiconque était ultramontain passait pour une mauvaise tête, un écervelé ; et pour avoir du sens commun, en philosophie, il fallait être Cartésien et adopter le système du sens privé !

L'abbé Martin dut donc quitter St-Ferréol et fut nommé à St-Théodore, où M. Léautier qui avait remplacé M. Bonnefoy, était alors curé ; les deux vicaires, ses collaborateurs, étaient MM. Bérenger et Blanc ; il se trouvait là avec d'anciennes connaissances, puisque ces trois prêtres avaient été employés au petit Séminaire, lorsque nous étions élèves ; et de plus ils étaient, même le curé, en parfaite communauté d'idées avec lui.

Depuis quelque temps il faisait à l'évêché une opposition indirecte, dissimulée, tortueuse, que je n'ai jamais approuvée ; Mgr Eugène de Mazenod, qui était devenu Mgr d'Icosie *in partibus,* avait formé de nouvelles paroisses qu'il fallait doter des revenus du diocèse, à défaut des subventions de l'Etat ; il imagina de mettre tout le casuel des paroisses de Marseille en commun et d'admettre au partage de la somme totale, qui était alors considérable, le clergé des nouvelles paroisses. Cette égalité qui de prime abord semble équitable ne l'est pas du tout en réalité ; il y a en effet des paroisses plus populeuses et par conséquent plus fatigantes que d'autres ; est-il juste que le salaire soit égal, lorsque le travail ne l'est pas ? La décision de l'évêque souleva une tempête d'indignation et de murmures. L'abbé Martin s'en fit l'interprète en faisant insérer dans *Le Sémaphore* un article violent, sans signature ; c'était la première fois qu'on livrait à la publicité les actes arbitraires de l'évêché ; l'émotion fut grande et chacun se demandait qui avait ainsi osé donner le signal de l'émeute ; l'évêque-neveu qui n'y allait pas de main morte, employa le moyen qui lui parut et qui était en effet le plus efficace pour découvrir le coupable : un agent de l'évêché passa dans toutes les sacristies et fit signer à chaque prêtre une déclaration par laquelle il jurait qu'il n'était pas l'auteur de l'article. L'abbé Martin se trouvant pris entre le parjure et l'aveu de sa faute, n'hésita pas ; il alla se jeter aux pieds de l'évêque d'Icosie, qui, satisfait de sa confession, lui pardonna et fit cesser l'enquête.

Mais Martin, qui était, il faut l'avouer, vindicatif, ne lui pardonna pas son humiliation ; il continua à la sourdine son opposition ; c'est lui qui rédigea les deux articles me concernant, dont je parlerai bientôt ; puis, lorsque M. l'abbé Jonquier, curé titulaire des Aygalades, fut interdit, et qu'il en appela à l'officialité d'Aix, qui, grâce à la vacance du siége et à la bonhomie de M. l'abbé Abel, vicaire général, fonctionnait alors pour la première fois de notre siècle, l'abbé Martin, sortant enfin de ses ténèbres et déposant fièrement le masque, se présenta comme défenseur et plaida, dit-on, avec beaucoup d'éloquence ; il était alors vicaire à St-Charles *intra-muros*. M. l'abbé Jeancard, avocat de l'évêque, se contenta d'envoyer un mémoire.

A son retour à Marseille, l'abbé Martin trouva chez lui une lettre de l'évêque, qui lui enlevait tous ses pouvoirs de vicaire, et ne lui laissait que la faculté de célébrer ; quant à M. Jonquier, on le laissa pendant quelques mois dans la même situation, pour lui prouver qu'on ne faisait aucun cas de son appel. Cependant il y eut des pourparlers, à la suite desquels la conciliation se fit sur ces bases ridicules :

Un pro-curé administrerait la paroisse avec les deux tiers du traitement et tout le casuel ;

M. le curé conserverait son titre et exercerait ses fonctions, seulement une fois par an.

Et de l'abbé Martin, défenseur, pas un mot. Il a vécu pendant sept ou huit ans de ses revenus de famille, logé dans la maison d'une vieille dame riche qui ne le laissait manquer de rien. Mais cette disgrâce à laquelle il devait s'attendre, a brisé son existence ; il a dévoré en silence son chagrin et ses déboires, renonçant à toute polémique la plus inoffensive ; il a fini par faire sa soumission, qui cette fois-là a été sincère, et, après quelques années d'une vie pieusement obscure, il est mort du choléra vicaire à St-Joseph.

J'exposerai bientôt l'affaire Jonquier dans tous ses détails.

III

JE SUIS NOMMÉ DIRECTEUR DES CLASSES

Ma classe de troisième était composée de 12 à 14 élèves, presque tous intelligents et tous d'une docilité parfaite au moins envers moi ; on les avait prévenus en ma faveur ; aussi avons-nous fait bon ménage jusqu'à la fin de l'année classique, sans que le moindre sujet de brouillerie ait interrompu la bonne harmonie qui régnait entre nous ; chacun récitait les leçons et travaillait de son mieux, selon sa mémoire et ses facultés ; comme je leur donnais sans affectation des témoignages journaliers d'amitié, ils me payaient de la même monnaie.

J'avais repris avec B*** nos causeries intimes ; aucun nuage ne se montrait sur l'horizon, pour annoncer un orage prochain ; l'abbé Fouquet ne paraissait pas du tout humilié de ma présence ; B*** n'avait-il pas été aussi son subordonné et presque tous les autres professeurs n'étaient-ils pas plus jeunes que lui ? Tous ces messieurs, la plupart simples ecclésiastiques, me faisaient un excellent accueil, parce que, quoique prêtre, je n'étais que leur égal ; un seul, M. l'abbé Vidal, de Toulon, récemment arrivé comme moi, était du même âge que M. Bicheron, et son ancien condisciple.

J'avais enfin trouvé ce que je cherchais ; une occupation conforme à mes goûts, des élèves que j'aimais et qui m'aimaient, une société agréable, et par dessus tout la paix de l'âme.

O mon Dieu, vous qui sondez les cœurs et qui savez qu'alors je ne soupirais qu'après une vie paisible et obscure, pourquoi avez-vous permis qu'on m'arrachât à mes humbles fonctions, pour y ajouter un titre et un emploi plus honorables, qui ont soulevé des tempêtes et m'ont fait glisser dans l'abîme ?... *Investigabiles viœ ejus !*

M. l'abbé Bicheron n'avait pas de directeur des classes : supérieur général de toute la maison, il concentrait dans son unique pouvoir l'administration tout entière ; cela ne pouvait pas durer ; pour le soulager dans tout ce qui regardait l'économat, il avait un agent subalterne, originaire de Grans, qui exécutait ponctuellement toutes ses volontés et qui par conséquent en assuma l'odieuse responsabilité. Quoique les professeurs-prêtres eussent le pouvoir de confesser, cependant on avait chargé de la direction spirituelle générale l'abbé Giraud-St-Rôme, qui appartenait à une famille riche de Marseille, et n'en vivait pas moins humblement ; il avait une grande piété, beaucoup de zèle et prêchait avec une simplicité pleine d'onction ; mais son esprit étroit le faisait tomber souvent dans des minuties puériles et le portait à adopter des mesures vexatoires. En résumé c'était un homme médiocre, mais honnête. L'abbé Bicheron le laissait faire, mais ne le consultait ni pour les classes ni pour les grands actes de l'administration.

Or l'ancien curé de Grans, malgré toute sa réputation de savant, qui pour certaines questions n'était pas usurpée, ne pouvait pas se dire littérateur ; son bagage scolaire était fort restreint. Il savait à peine lire le grec et je ne sache pas qu'aucune science mathématique ou physique lui fût familière ; quoique très-intelligent, il n'avait pas de suite dans ses idées ; il n'entendait rien à l'organisation des classes ; il pouvait bien un jour ou deux satisfaire ses élèves de philosophie, parce qu'il avait beaucoup lu et qu'il ne manquait pas d'une certaine facilité à s'exprimer ; mais son caractère inconstant et paresseux l'emportait bientôt sur ses résolutions et il laissait ses élèves réduits à leurs propres forces.

D'après cet exposé qui est loin d'être chargé, on conçoit aisément qu'un directeur des classes était absolument indispensable à M. l'abbé Bicheron, pour la marche régulière des études, dans une maison qui comptait alors pour la première fois 180 élèves, tous pensionnaires ; il eut la malheureuse pensée de jeter les yeux sur moi, pour ce poste élevé ; il me dit confidentiellement que les professeurs de rhétorique et de seconde, n'étant pas prêtres et ne paraissant pas devoir l'être un jour, il ne pouvait leur donner sa confiance pour l'administration de la maison, ni leur déférer la mission délicate de le remplacer en cas d'absence ou de maladie, et que moi seul je remplissais les conditions voulues ; par conséquent il me supplia de lui venir en aide et de partager sa grande besogne. Je lui fis observer qu'étant novice dans l'enseignement, c'était un peu téméraire de ma part d'accepter un emploi qui me plaçait au-dessus d'anciens professeurs, même de ceux qui étaient chargés des classes supérieures à la mienne ; que de plus M. l'abbé Vidal, professeur de physique était beaucoup plus âgé que moi et qu'il me répugnerait d'avoir le pas sur lui ; à mon tour je le conjurai de me laisser sous le chandelier, au moins pendant la première année, sauf à accepter son offre plus tard, si telle était toujours sa volonté. Au reste, ajoutai-je, donnez-moi 24 heures pour y réfléchir.

Je m'empressai de faire part de cette proposition à mon ami B***, qui ne parut pas s'en émouvoir et qui, dans la crainte d'avoir l'abbé Vidal à sa tête, m'assura qu'il serait enchanté, pour ce qui le concernait, de ma nomination ; *plutôt toi que tout autre,* me dit-il.

Cependant j'entrevoyais à la lumière de ma petite expérience les difficultés que j'aurais à surmonter et certains écueils contre lesquels peut-être je me briserais. Je me décidai donc à décliner l'honneur et la charge qu'on m'offrait et le lendemain en effet j'abordai M. l'abbé Bicheron avec mon refus sur les lèvres ; mais il ne me donna pas le temps de parler ; cet homme était parfois séduisant ; naturellement froid, réservé et même dissimulé, il lui arrivait comme par distraction d'être expansif, d'ouvrir son âme et de tenir un langage amical ; j'avoue que ce sont-là des moyens de persuasion auxquels je résiste rarement. Aussi après quelques paroles insignifiantes et peu énergiques, qui témoignaient que j'étais vaincu, je lui dis que, puisqu'il le voulait absolument et qu'il me le demandait comme un témoignage d'amitié, j'acceptais.

Je fus installé, le dimanche suivant, en présence de tous les élèves et les professeurs ; cette cérémonie consista en ce que je lus le bulletin des notes hebdomadaires, en accompagnant cette lecture d'observations à l'adresse des élèves ; et comme parmi les assistants se trouvait M. le supérieur, il fut évident pour tous qu'en me cédant sa place, quoiqu'il fût présent, je devenais directeur ; cependant comme cette nomination ne fut pas formellement exprimée, cet oubli donna lieu à la malveillance de la méconnaître ; je dis *cet oubli,* quoiqu'il soit à peu près certain que M. Bicheron, en ne pas me proclamant explicitement, avait une arrière-pensée ; il se réservait une porte pour sortir, selon les occurences ; il jouait ainsi avec moi un jeu de bascule, sur le succès duquel il comptait, parce qu'il ne me connaissait qu'imparfaitement.

IV

SUITES DE MA NOMINATION

Généralement les élèves sortirent satisfaits de la séance; on savait déjà comment je dirigeais ma propre classe, que je conservais malgré mon nouveau titre ; on espérait donc que je suivrais le même système et les mêmes principes pour la direction générale des études. Quant aux professeurs, ils se divisèrent en deux camps ; les uns me furent ouvertement hostiles et les autres n'ayant aucune raison de se plaindre, attendu que leur amour-propre n'était pas froissé, acceptèrent avec une indifférence toute passive la décision de M. le supérieur, excepté cependant MM. Chirac et Demandolx, avec lesquels j'ai toujours eu de bons rapports; les premiers, que je dois nommer, furent, on s'y attend, les professeurs de physique, de rhétorique et de seconde : MM. Vidal, B*** (hélas!) et Roubaud.

J'avais accepté la fonction de directeur des classes, avec une grande répugnance ; je le répète et je reviens à dessein sur cela, parce que c'est le point de départ de mes malheurs et que j'ai le droit de faire retomber la responsabilité de mes fautes sur ceux qui n'ont tenu aucun compte ni de mes bonnes intentions ni de leurs promesses Je suis naturellement timide et circonspect; il m'en coûte beaucoup d'avancer dans une route que je ne connais pas; mais, m'étant une fois lancé dans une entreprise quelconque; que je crois légitime, il n'est pas dans mes habitudes de reculer, à cause des obstacles, qui, me forçant à redoubler mes efforts, augmentent indirectement mon énergie ; ainsi l'opposition me rend service, me grandit en quelque sorte malgré moi.

Le soir, avant souper, j'eus une assez longue conférence avec l'abbé Bicheron ; et pour lui prouver que je prenais mon titre au sérieux, je lui signalai un grand abus qui régnait dans la maison et qui était le résultat du défaut d'unité dans l'administration ; centralisateur par principe, mais indolent de caractère, il laissait volontiers le soin des détails aux professeurs, qui non-seulement avaient la police de leurs propres classes, mais encore se mêlaient de maintenir la discipline générale par des punitions qu'ils infligeaient de leur propre autorité sans que le supérieur eût connaissance de la faute ; je fis entendre à M. Bicheron qu'il fallait au plus tôt faire cesser cette extension de pouvoir que les professeurs s'arrogeaient et ne leur laisser qu'une surveillance générale, qui était pour eux moins un droit qu'un devoir. Nous décidâmes donc que, lorsqu'ils auraient à se plaindre d'un élève dans leurs classes ou qu'ils le trouveraient en faute en dehors de la classe, ils m'en donneraient avis et que ce serait désormais à moi et non à eux à déterminer le genre de punition à infliger ; mais avant toutes choses, il fallut établir le pouvoir administratif, qui fut ainsi constitué : M. Bicheron, le chef suprême, secondé par deux ministres, le directeur des classes, de qui relevaient tous les professeurs et spécialement les surveillants ou maîtres d'étude, et le directeur spirituel, M. Giraud-St-Rôme, chargé spécialement de la confession et des cérémonies religieuses.

M. Bicheron me pria d'annoncer ce nouvel état de choses à MM. les professeurs ; c'était évidemment à lui, supérieur, à faire cette notification ou bien à reculer et à me remettre à ma place ; je commis une faute en ne pas lui posant cette alternative ; mais pauvais-je supposer que, tandis qu'il m'approuvait et m'autorisait à agir, il dît *à parte* que je faisais tout cela de mon propre mouvement ? Aussi l'insurrection ne tarda pas d'éclater, dès qu'on reçut ma circulaire, qui fut accueillie spécialement par les trois ci-dessus nommés avec les commentaires les plus dédaigneux ; on me raillait dans les classes ; on épiait mes paroles et mes actes, pour me signaler aux élèves comme un homme de peu de valeur, sur le compte duquel on s'était mépris, etc., etc.

Comme je viens de le dire, ces mauvais procédés, loin de me décourager, augmentaient plutôt mon énergie ; mais avant d'engager une lutte sérieuse, que je ne redoutais pas, je crus que quelques explications franches et cordiales avec B***, comme elles devaient l'être entre deux condisciples qui s'étaient donné jusqu'à ce jour des témoignages nombreux et non équivoques d'estime et d'affection, produiraient un bon effet.

J'allai donc spontanément, et à l'insu de tout le monde, le trouver à sa chambre et je le priai de me dire carrément si ma nomination lui avait déplu et s'il jugeait que dans mon intérêt il valait mieux rester simple professeur ; *tu n'as qu'à parler*, lui dis-je, *et je vais de ce pas me démettre de mon titre ; je tiens plus à ton amitié et à ma tranquillité qu'à cet honneur.* Il me fit la même réponse qu'auparavant et m'assura qu'il n'avait pas vu ma nomination de mauvais œil et qu'il en était même satisfait. *Je ne fais*, répliquai-je, *cette démarche qu'auprès de toi; quant aux autres, c'est une autre affaire.*

Après cette visite qui me satisfit, parce que j'avais lieu de croire que les explications avaient été sincères, je me rendis chez l'abbé Bicheron et je lui fis part de ce qui venait de se passer entre B*** et moi ; quant à la levée de boucliers des professeurs, il en connaissait tous les détails et me parut indigné de leur conduite. Cependant je le suppliai pour la dernière fois de revenir sur ses pas, pour la paix de la maison, et de ne pas se gêner, parce que j'étais très-disposé et cela sans arrière-pensée, à m'ensevelir de nouveau dans mes humbles fonctions de professeur. *Gardez-vous bien*, me dit-il, *de reculer : restez à votre poste, et je vous soutiendrai.* Je lui exposai alors de nouveau mes projets de réforme, qu'il approuva, et dès le lendemain je me mis à l'œuvre pour les faire exécuter. En voici le résumé :

« L'administration de la maison sera concentrée dans les trois directeurs ci-dessus nommés.

« La police générale de la maison et la direction des études seront confiées au directeur des classes, au nom du supérieur ; les professeurs n'auront plus que la police de leurs classes ; mais ils se contenteront de signaler les délinquants à ce dernier, qui déterminera, selon la faute, la nature et la durée des pensums ou des châtiments.

« Les professeurs suivront pour la récitation des leçons, la correction des devoirs et généralement pour tout ce qui concerne les classes, les prescriptions du directeur ; ils pourront cependant en appeler au supérieur de sa décision.

« Ils auront un registre des notes hebdomadaires et des places des compositions, qu'ils remettront tous les samedis au directeur des classes, afin qu'il puisse en faire un résumé, qui sera lu le lendemain dimanche en présence de tous les professeurs et de tous les élèves et sera affiché au parloir. Ce résumé servira pour envoyer aux parents les notes du trimestre. »

Ce règlement, dans les détails duquel je n'entre pas, fut notifié et exécuté ; mais je laissai MM. Vidal et B***, faire leurs classes comme ils l'entendaient, l'un à cause de son âge et l'autre, par respect pour notre vieille amitié.

Je défendis aux surveillants de donner pour punitions des vers à copier ; coutume absurde, invétérée, qui existe encore même dans les lycées, puisque le ministre actuel se propose, dit-on, de l'abolir et de la remplacer précisément par le système que j'établis ; tout élève qui n'avait pas su ses leçons ou qui n'avait pas fait ou avait mal fait son devoir, ou qui avait mécontenté les surveillants pendant les études, était condamné à la salle de retenue, pendant la récréation qui suivait le dîner ; là je faisais apprendre les leçons qu'on n'avait pas sues, refaire le devoir mal fait et je donnais 10, 15 ou 20 vers français ou latins, à étudier aux élèves dissipés.

Depuis cette époque j'ai toujours employé et fait employer par mes subordonnés ce moyen disciplinaire, que l'Université de France regarde comme une invention de sa part ; il n'est pas sûr cependant qu'elle l'adopte.

Après environ un mois de sourds murmures et de tiraillements, presque tous les professeurs reconnurent mon autorité ; de mon côté j'eus pour eux beaucoup de prévenances et de politesse, de telle sorte que quelques-uns devinrent mes intimes amis, me visitaient souvent, passaient la soirée chez moi et me faisaient même confidence de leurs secrets ; je puis citer MM. Chirac, Carbonel, Dalmas, Demandolx, Chabert.

Je dis presque tous ; car M. Roubaud, professeur de seconde, continua, tout en se soumettant, à se tenir à l'écart ; je n'eus pas l'air de me préoccuper de ses bouderies, parce qu'il me respectait extérieurement ; comme il était fort léger et qu'il faisait beaucoup trop valoir ses petites connaissances dans la littérature moderne, je ne fis pas la moindre avance vers lui. Nous nous sommes revus plus tard ; il a paru me témoigner de l'amitié et de l'estime ; je l'ai comblé à mon tour de politesse et d'égards. Depuis deux ou trois ans il a renoncé brusquement à ses visites, d'où j'ai conclu qu'il n'avait guère changé en vieillissant. A la suite d'une attaque, il est devenu presque hébété ; il vient de mourir dans l'obscurité.

Quant à B***, j'éprouve une grande répugnance à revenir sur des détails dégoûtants, qui prouvent jusqu'à l'évidence combien peu nous devons compter en ce monde sur la plupart de ceux qui se disent nos amis ; cette répugnance se concevra aisément d'abord à cause de nos anciennes relations d'intimité qui ont été reprises plus tard, pour être rompues de nouveau ; et ensuite, parce qu'au moment où j'écris cette page, nous avons échangé quelques lettres très-amicales, à l'occasion de notre correspondance en grec en 1826 et 1827. On trouvera toutes ces lettres fort curieuses dans mes papiers ; celles qui étaient entre les mains de B*** me sont arrivées dans un état de véritable décomposition ; il m'a fallu le soin le plus minutieux pour refaire un tout de toutes ces parcelles détachées de pages moisies ; on dirait qu'elles ont fait partie des ruines d'Herculanum. Mais je reviens, puisqu'il le faut, à nos misères.

B***, très-probablement froissé de la supériorité que j'avais à exercer sur lui, en ma qualité de directeur des classes, sacrifiant à cet entêtement vaniteux les sentiments de l'amitié, et foulant aux pieds même toutes les convenances, fut le seul de tous les professeurs qui persévéra, je ne dis pas à porter avec peine le joug de mon autorité, puisque par décence je ne le lui ai jamais imposé, mais à ne pas le reconnaître en se permettant des actes formels et publics de manque d'égards et d'impolitesse. Si je les exposais en détail, on ne croirait pas que moi, à qui l'on a fait souvent une réputation de vivacité désordonnée, j'ai souffert ces avanies pendant toute l'année scolaire.

L'abbé Bicheron continuait à jouer son rôle habituel de duplicité. Ses habitudes de paresse et de nonchalance me laissaient presque tout entier le fardeau de la direction des classes ; et comme je remplissais mes devoirs simultanés de professeur et de directeur avec un zèle passionné, que j'étais aussi souvent avec les élèves que mes occupations me le permettaient, que j'avais supprimé une foule de mesures odieuses et inutiles, et qu'enfin l'administration générale fonctionnait avec moins de raideur qu'auparavant, et beaucoup plus de paternité, mon influence dans la maison croissait de jour en jour, et je puis affirmer sans crainte de recevoir un démenti, que je possédais l'affection des élèves, sans qu'on ait pu me reprocher plus tard d'avoir employé des moyens illégitimes, lorsque leurs dispositions éclatèrent au grand jour. Les parents eux-mêmes avaient beaucoup plus de rapports avec moi qu'avec le supérieur, qui n'était presque jamais visible pour eux, à moins qu'ils ne vinssent payer le trimestre. Il se couchait très-tard, se levait de même, et laissait le soin de dire la messe de la communauté à l'abbé Chirac, tandis que je la disais moi-même aux ecclésiastiques à 6 heures du matin, quoique nous nous fussions couchés après minuit. Enfin il ne quittait sa chambre que pour descendre à la salle de billard, où l'on était sûr de le trouver, lorsque sa présence devenait nécessaire ; aussi une dame ne l'appelait-elle jamais que *le garçon cafetier.*

Dans cet état de choses, M. le supérieur jaloux de ma petite gloire, quoique je travaillasse pour la sienne, ne faisait rien pour sauvegarder ma dignité ; les coups de pied que je recevais entraient dans ses vues secrètes et dans son système de machiavélisme, *divide ut imperes.* Malgré mon infériorité notoire en talents, il avait pourtant besoin de moi ; il le sentait ; aussi jamais il ne me faisait de l'opposition en face ; mais je n'ignorais pas les propos malins qu'il se permettait en présence des professeurs, ses railleries au moins indécentes sur mon zèle outré, qui me portait, disait-il, *à me noyer dans les bulletins des élèves, etc., etc.* Quelquefois même il ôtait le masque, et me boudait pendant plus de huit jours ; or quelle grande faute avais-je commise ? j'avais préparé de mon mieux les membres de l'académie littéraire à une séance publique, que j'ouvrais ordinairement par la lecture d'un discours ; cette institution empruntée des jésuites existait avant mon arrivée ; mais je la réformai complètement d'après mes idées ; je rédigeai un nouveau règlement, qui peut-être existe encore ; nous avions tous les dimanches une séance particulière que je présidais ; chaque membre lisait son travail, qui était soumis tout à la fois à ma censure et à la critique des élèves, et je gardais pour les séances publiques les compositions qui avaient obtenu l'approbation générale. Plusieurs de ceux qui faisaient alors partie de l'académie, sont devenus, chacun dans son genre, des hommes distingués ; je puis citer Payan, Chassangle, Gras, Rodier, Cailhol, etc. (Voir l'*Appendice*, n° 3).

C'était là assurément pour moi un surcroit de travail, surtout quelques jours avant les séances publiques ; M. l'abbé Bicheron qui ne m'aidait pas seulement de son petit doigt, se réservait la douce satisfaction de me critiquer en compagnie de son ami fidèle, l'abbé Jeancard et de me bouder régulièrement pendant plusieurs jours ; c'était là ma récompense. De mon côté je le payais de la même monnaie ; mais comme il ne pouvait pas se passer de mon concours journalier, il finissait par monter chez moi au troisième étage et me racontait des choses indifférentes avec un rire banal et forcé, dont je n'étais pas dupe : ainsi finissait la bouderie jusqu'à la nouvelle séance académique.

Il était d'usage d'accorder une grande promenade aux académiciens, après les séances ; une fois, je les conduisis à Géménos ; j'avais à peu près 30 élèves et quelques professeurs ; après le repas sur le gazon dans les bois de St-Pons, chaque professeur, avec mon autorisation, prit un certain nombre d'élèves et l'on se dispersa ainsi par bandes de côté et d'autre ; quoique je leur eusse bien recommandé à tous de se rendre à Géménos à une heure fixe, afin que nous pussions arriver à Marseille de manière à assister à l'exercice du Mois de Marie, mes ordres ne furent pas exécutés par la faute des professeurs ; nous n'arrivâmes donc qu'après l'exercice commencé.

Or quel était le langage de l'abbé Bicheron, tandis que le reste de la communauté se rendait à l'église et que nous n'y étions pas ? « S'ils manquent l'exercice, disait-il à l'abbé Chirac, je leur ferme la porte de la maison. » Il ne l'aurait pas fait sans doute, mais il me semble que c'était déjà bien mauvais de sa part de tenir un tel propos et de montrer qu'il y avait dans son cœur une bonne dose d'acrimonie, dont il ne put pas en effet se rendre maître ; un des académiciens, âgé d'environ 18 ans, rhétoricien et frère du secrétaire général de l'évêché, Stanislas Cailhol, paya pour moi ; en entrant au réfectoire, il dit quelques mots à son voisin ; M. le supérieur l'ayant aperçu, le condamna de sa voix la plus stridente à se mettre à genoux au milieu du réfectoire, humiliation dont je fus tellement vexé pour lui, que je quittai brusquement la table et me retirai dans mes appartements.

Etais-je le seul à me plaindre de l'abbé Bicheron ? La plupart des professeurs avaient à souffrir de ce caractère bizarre ; quelques-uns lui faisaient la cour, parce qu'ils redoutaient ses dénonciations occultes, dont il n'était pas avare.

Un jour l'abbé Chirac vint me voir très-inquiet et me demanda s'il était à ma connaissance que l'abbé Bicheron eût le dessein, comme il l'avait eu quelques mois auparavant, de le faire placer vicaire dans une paroisse ? « Pourquoi soupçonnez-vous cela ? lui dis-je. » — « C'est que ce matin, me répondit-il, pendant la récréation il s'est approché de moi en riant, s'est suspendu à mon bras familièrement et m'a tenu les propos les plus aimables. » C'était donc là, d'après l'abbé Chirac, un symptôme de malice. Ce trait peint l'homme tout entier. Or l'abbé Chirac était un jeune prêtre pieux, spirituel, bien élevé et surtout bon ami.

V

FIN DE L'ANNÉE SCOLAIRE

C'est dans cette vissicitude de luttes, de travaux incessants, de consolations d'une part et de déboires de l'autre que je passai ma première année scolaire, qui se termina par un incident où M. l'abbé Bicheron se montra dans toute sa nudité.

Pendant les trois jours qui précédèrent la distribution des prix, j'étais occupé tout le jour et une partie des nuits à corriger les compositions des prix, besogne qui devait se faire avec l'aide des professeurs et dont ils se déchargeaient sur moi sans façon ; j'avais aussi à déterminer les prix de toutes les classes et à faire toutes les dispositions nécessaires pour que la distribution se fît exactement.

M. l'abbé Bicheron me fit un jour l'honneur d'assister à ce travail d'organisation ; j'étais arrivé aux classes élémentaires ; un de ses neveux, fils de sa sœur, en faisait partie ; comme il n'était pas fort, et que d'ailleurs il était fort jeune, je l'avais mis sur la liste de ceux auxquels on accorde un prix d'encouragement. « Otez ce nom-là, me dit-il brusquement. »

Or lorsque sa sœur, que j'avais connue à Salon, quand j'étais vicaire, amena son fils au commencement de l'année, elle me le recommanda chaudement, en me disant confidentiellement : « je connais mon frère, il ne s'en occupera pas. »

Mais poursuivons.

Le jour de la distribution est arrivé ; tout est prêt ; le matin, je donnai un dernier coup d'œil aux compositions des académiciens et je priai un de mes élèves de mettre mon discours au net; l'abbé Bicheron put donc à mon insu le lire tout entier; comme en ce moment la chute de Lamennais était imminente, et que cet événement n'était étranger ni à la littérature ni à la philosophie ni à la religion, j'avais cru pouvoir déplorer la perte de celui que j'appelais notre Père; on trouvera ce discours au n° 3 de l'*Appendice*.

Il n'y a rien, à part quelques phrases exagérées, qui ne pût être dit; mais c'eût été extraordinaire que M. Bicheron parût satisfait de mon travail. D'ailleurs pourquoi ne pas me prévenir? j'aurais supprimé ce qui ne lui semblait pas convenable; et je lui aurais pardonné sa bouderie habituelle, après la cérémonie; j'avais toutes les vacances pour m'en consoler. Mais voici ce qui arriva :

La distribution des prix devait commencer par la séance académique à 4 heures; à 2 heures je fis transporter sur la table qui était sur l'estrade, tous les prix; et avec l'aide de deux professeurs je les plaçais avec ordre, sans trop me presser, et veillant à ce qu'on ne pût commettre aucune erreur dans la distribution; je me proposais d'aller me vêtir convenablement à 3 heures 1/2 et de conduire moi-même les académiciens à la séance; c'était ainsi convenu.

A 3 heures, les deux évêques, l'oncle et le neveu, arrivent avec les vicaires généraux et l'éternel abbé Jeancard chez M. l'abbé Bicheron; comme je ne m'attendais pas à cette prompte arrivée, je fis dire à M. l'abbé Bicheron que je n'étais pas encore prêt et qu'il voulût bien attendre encore demi-heure. Je comptais là-dessus et je me hâtais de finir mon arrangement, lorsque les deux professeurs qui étaient avec moi me dirent : « Voyez donc les évêques qui s'avancent avec M. l'abbé Bicheron et les autres professeurs. » Je fus en quelque sorte paralysé; je ne savais que faire; enfin l'indignation prit le dessus; je laissai tout en désordre et je me retirai à ma chambre.

On envoya chercher les académiciens, qui ne voulaient pas marcher sans moi et finirent enfin par se rendre à l'appel du supérieur, l'un après l'autre ; ce fut là un désordre assurément ; Mgr de Mazenod, le neveu, en fut impressionné ; on dut naturellement m'en faire un crime, puisque deux ans après, dans un entretien de réconciliation, il me demanda sur cet incident des explications, qui parurent le satisfaire ; mais c'était de la moutarde après dîner. Il aurait fallu qu'on me les demandât le lendemain de la distribution ; je les aurais données en présence des deux professeurs qui travaillaient avec moi et qui m'auraient rendu une justice complète.

J'insiste sur tout cela, parce que ce fut le commencement des préjugés dont je fus victime l'année suivante. *Hinc prima mali labes.*

Le lendemain matin, je ramassai tous les registres et tous les papiers qui concernaient la direction des classes et de l'académie, et je les portai à M. Bicheron, comme pour lui indiquer que je me démettais de ces deux fonctions. Je m'attendais à une réception glaciale et j'étais bien décidé à rentrer dans mon diocèse ; plût à Dieu que je l'eusse fait ! Mais à mon grand étonnement il m'accueillit en me tendant la main, me faisant presque des excuses de ce qu'il appelait un malentendu, mais qui n'était que trop un *entendu réel*. Il fit semblant de ne pas remarquer que j'avais déposé les registres chez lui et me rappela, ce dont nous étions convenus quelques mois auparavant, qu'au mois d'octobre je remplacerais B*** à la rhétorique, que Roubaud, mon autre adversaire, cèderait la place pour la seconde à M. l'abbé Blanc, prédicateur distingué, dont il me fit le plus grand éloge et qu'enfin l'abbé Félix, serait professeur de philosophie.

Toutes ces confidences presque amicales auxquelles je ne m'attendais pas, produisirent une diversion qui malheureusement me désarma ; je l'ai déjà dit et je me plais à le répéter : quels que soient les torts qu'on me fasse, quelque sensibles que soient les outrages dont on m'abreuve, je ne sais ce que c'est que la rancune ; la moindre petite avance, lorsque je la crois sincère, me fait changer de résolution. Cependant après tant de méprises, je suis devenu, je le sens, beaucoup moins crédule et maniable.

Je partis donc pour St-Chamas où ma mère avait repris son ancien domicile après mon départ de St-Remy.

J'y ai passé tout le mois des vacances dans la solitude la plus complète, lisant tous les traités de rhétorique, tant anciens que modernes, qui étaient à ma disposition et traçant le programme d'études que j'avais à faire suivre à mes nouveaux élèves ; je n'étais pourtant pas assuré de retourner à Marseille ; il était en effet possible et même probable que l'abbé Bicheron, rendu à lui-même et à ses réflexions, profitât de la mauvaise impression qu'avait produite mon absence tout à fait anormale à la distribution des prix, pour suggérer à l'administration ecclésiastique de Marseille la pensée de se passer de mon concours et de me congédier ; j'ai appris en effet plus tard de la bouche même de Mgr d'Icosie, comme je viens de l'insinuer, qu'il avait été fortement intrigué du désordre qui avait eu lieu au début de la séance ; et comme je partis pour St-Chamas, sans prendre la peine d'aller à l'évêché, pour y donner mes explications sur cet incident, je devais être coupable au moins d'une grande étourderie aux yeux de l'autorité. Quoi qu'il en soit, je ne reçus aucune lettre pendant tout le temps des vacances, et j'observai la même réserve.

CHAPITRE II

Année classique 1834-35

Etrange et déplorable coïncidence! Tandis que je tiens la plume, âgé de 70 ans, pour exposer toutes les circonstances de la mémorable lutte que je soutins, il y aura bientôt quarante ans, contre l'administration ecclésiastique de Marseille, une discussion aussi grave que la première, quoiqu'elle ne soit pas encore publique, s'élève entre deux prélats, l'archevêque d'Aix et l'évêque de Marseille, d'une part, et moi de l'autre. Quelles en seront les suites et le résultat final? Dieu le sait. Ainsi, comme les Juifs, lorsqu'après la captivité de Babylone ils reconstruisaient les murs de Jérusalem, je tiens dans ma main sénile la plume qui me sert tout à la fois de truelle et d'épée. Si Dieu me conserve la santé et l'intelligence, je raconterai toutes les péripéties du drame qui va se dérouler et livrer de nouveau mon nom, je le pressens, à la publicité. Mais pour ne pas devancer les temps ni ne rien anticiper, je reprends avec une profonde tristesse, Dieu m'en est témoin, le fil de ma narration. (1)

I

DIVERS INCIDENTS JUSQU'AU CARÊME

Après les vacances, c'est-à-dire, aux premiers jours du mois d'octobre, je me rendis à Marseille, pour y remplir

---

(1) L'affaire à laquelle je fais allusion, a été exposée longuement dans l'*Histoire du Revenant*.

les fonctions de professeur de rhétorique. Mais j'étais bien décidé à ne plus accepter d'autre emploi ; après tout ce qui s'était passé l'année précédente, ma répugnance n'était-elle pas naturelle et en quelque sorte légitime, surtout depuis l'admission dans la maison de MM. Félix et Blanc, qui tous les deux étaient plus âgés que moi et avaient une réputation de savoir, d'éloquence et même de littérature bien supérieure à la mienne ? J'avoue naïvement que la présence de ces nouveaux collègues ne réveilla dans mon cœur aucun sentiment de jalousie ; au contraire, j'avais tellement souffert que j'étais bien aise d'avoir un prétexte très-plausible pour refuser tout à la fois la direction des classes et celle de l'académie, dont les fonctions respectives ne s'étaient jamais séparées, si M. Bicheron avait encore la pensée de me les offrir.

Lorsque j'entrai dans la maison, on sortait de l'église où Mgr l'évêque venait de célébrer la messe du St-Esprit ; je compris tout de suite que j'aurais dû arriver la veille, pour assister à cette cérémonie préliminaire de l'ouverture des classes ; je ne puis maintenant donner les motifs de ce retard, qui préoccupa, je le sais, M. Bicheron ; aussi dès qu'il m'aperçut, il me fit un signe de tête amical ; et quoiqu'il fût à côté de l'évêque, lorsque je m'avançai vers lui, il me serra la main aussi affectueusement qu'il pouvait le faire.

Après la récréation qui suivit le dîner, je pris possession de ma classe, composée des anciens élèves de M. Roubaud ; les philosophes de l'année dernière avaient pris leur vol pour le grand Séminaire ; mes élèves de troisième passaient sous la direction de M. Blanc, et ceux de M. B*** passaient sous celle de M. Félix. M. Bicheron n'étant plus chargé que de l'administration de la maison, avait du temps plus qu'il ne lui en fallait pour diriger les études générales et les travaux de l'académie ; mais il avait peu d'aptitude pour ce genre d'occupation, qui exige un esprit d'ordre, de l'activité et surtout de la persévérance dans l'exécution du plan qu'on a conçu ; je ne prétends pas avoir eu toutes ces qualités à un degré supérieur ; mais l'expérience a prouvé que j'en avais une plus forte dose que lui ; il en était tellement convaincu, qu'il ne nomma personne pour me remplacer, pensant que j'irais moi-même m'installer à mon ancien poste d'honneur et reprendre mes fonctions de l'année dernière.

Il est certain que je n'avais à craindre ni de la part de M. Félix ni de celle de M. Blanc les avanies que B*** m'avait fait subir. J'avais eu des relations assez intimes avec le premier, soit à St-Chamas, où il avait été curé, soit à Arles, où il exerçait les fonctions d'aumônier, pendant que j'étais vicaire à St-Remy ; c'est donc avec une vraie satisfaction mutuelle que nous nous retrouvâmes côte à côte à Marseille ; quant au second, il ne pouvait pas trouver mauvais que le professeur de rhétorique eût le pas sur le professeur de seconde.

Mais en connaissant M. Bicheron tel qu'il s'était montré, pouvais-je de mon propre mouvement lui demander si je devais être encore directeur des classes, avec l'alternative ou d'essuyer un refus honteux ou de m'attendre à ce que plus tard il ne se serait pas gêné pour dire que je m'étais ingéré de moi-même des affaires de la direction ? J'insiste sur tout cela, parce que ce fut une des causes de nos divisions.

Quinze jours s'étaient écoulés depuis l'ouverture des classes, qui, organisées l'année dernière d'après mon règlement, suivaient l'élan qu'elles avaient reçu ; les bulletins hebdomadaires se faisaient avec l'aide d'un surveillant ou d'un professeur ; mais l'académie était encore sans chef ; plusieurs de ses membres, les plus distingués, avaient disparu ; il fallait les remplacer par des élèves de seconde, mes anciens élèves de troisième ; et personne ne prenait l'initiative de combler cette lacune. L'amour-propre de M. Bicheron était froissé de se voir dans la nécessité d'avoir recours à moi ; et de mon côté je répugnais à faire les avances; je voulais de sa part une prière formelle et directe; il n'avait qu'à me mander chez lui et me dire, par exemple : « Eh bien ! vous allez encore vous charger de l'académie, n'est-ce pas? » C'était fort simple et ce peu de mots m'auraient satisfait; il prit une autre route, qui ne résolut pas le problème. Voici ce qui se passa :

Les anciens membres de l'académie et ceux qui aspiraient à le devenir, vinrent un jour avec une grande solennité me prier de vouloir bien encore les diriger dans leurs travaux littéraires, en m'assurant que M. le supérieur leur avait manifesté le désir que je reprisse ces fonctions, si je le voulais. Je remerciai beaucoup ces jeunes gens de leur démarche et de l'honneur qu'ils me faisaient; je les priai de m'excuser si je ne leur donnais pas actuellement une réponse affirmative, pour des motifs que je ne pouvais leur exposer de vive voix; et je leur promis de leur faire connaître par écrit mes intentions.

Je leur écrivis en effet une lettre dont je n'ai pas conservé la copie, et dans laquelle, après les avoir de nouveau remerciés, je donnai pour prétextes de mon refus ma faible santé et l'importance de la classe de rhétorique, dont j'étais chargé pour la première fois et qui par conséquent réclamait tous mes soins et tout mon temps; mais le véritable motif fut le souvenir des coups d'épingle que j'avais reçus et dont ne me garantissait pas la route détournée qui avait été prise pour obtenir mon adhésion. Ainsi pendant tout l'hiver il n'y eut de séances académiques ni privées ni publiques; au reste la privation de ces solennités littéraires fut peu sensible, à cause du choléra, qui interrompit deux fois nos classes, à la Noël et avant Pâques; mais M. Bicheron m'en garda un profond ressentiment, qui éclata au mois d'avril.

Je reviens à ma classe, composée de 10 à 12 élèves, dont quelques-uns ont joué ou jouent encore un rôle assez important.

C'est alors que je conçus le plan de mon cours de littérature et que je commençai à l'exécuter ; au lieu de mettre entre les mains des élèves un traité quelconque, dont ils m'auraient fait un résumé, je leur parlais chaque jour environ une demi-heure sur les préceptes de la rhétorique ; le lendemain chacun me présentait sur une copie le résultat de son travail sur le sujet traité la veille et rédigeait ainsi lui-même à son point de vue un cours de rhétorique. Je préparais ma classe avec beaucoup de zèle, en étudiant divers auteurs ; aussi m'écoutait-on avec attention, et de tous les devoirs que j'imposais, c'était celui qu'on ne manquait jamais de faire.

J'ai enseigné d'abord la rhétorique, avec de simples notes, que je développais en parlant ; ce n'est que plus tard, lorsque j'ai fait l'éducation des MM. de Jessé, que j'ai écrit mon grand cours de littérature, tel qu'il est.

Je vivais donc avec mes nouveaux élèves, comme je l'avais fait l'année précédente ; sans leur faire l'ombre d'un reproche ni encore moins les menacer d'une pénitence quelconque, j'étais généralement satisfait de leur application et même de leurs succès, qui ne pouvaient être que relatifs, on le comprend ; débarrassé de tous les soucis de la direction générale, je me concentrais tout entier dans les détails les plus minutieux de mon emploi ; aussi en étais-je récompensé par les témoignages d'affection et d'estime que mes élèves me donnaient ; ce n'est pas sans émotion que mes regards tombent quelquefois sur les compliments en vers français, en vers latins, en prose latine et même en anglais, qu'ils daignèrent me présenter la veille du jour de l'an, le 31 décembre 1834 et que j'ai conservés.

Quoique je ne fusse plus directeur des classes, je n'avais rien perdu de mon ancienne influence dans toute la maison ; ce qui arriva six mois après en est une preuve évidente ; j'étais aussi dans d'excellents termes avec tous les professeurs, dont quelques-uns prirent l'habitude de passer la soirée chez moi, après le souper ; ce qui déplaisait à M. Bicheron ; il me soupçonna de vouloir renouveler contre lui le triste rôle de conspirateur qu'il avait si bien joué contre M. Meistre ; or rien n'était plus éloigné de ma pensée ni plus étranger à mes habitudes que cette manière de faire de l'opposition ; aurais-je voulu m'y soumettre, que la vivacité de mon caractère ne me l'aurait pas permis. C'était donc évidemment sans arrière-pensée, que je réunissais chez moi presque tous les soirs quelques professeurs, surtout ceux dont les chambres étaient les plus rapprochées de mes appartements. Quoi qu'il en soit, voilà le second motif pour lequel ma sortie de la maison tôt ou tard fut décidée dans l'esprit de M. Bicheron ; mais conformément à son système, l'exécution fut renvoyée à Pâques ; et en attendant, rien ou presque rien dans ses rapports journaliers n'indiquait qu'il nourrît un tel dessein.

A la Noël, quelques cas de choléra donnèrent l'alarme et interrompirent nos classes pendant environ quinze jours ; il n'y eut rien de bien saillant jusqu'au mois de mars : l'interruption fut alors un peu plus longue : l'épidémie prit en effet un caractère plus sérieux et fit beaucoup de victimes, surtout dans les hôpitaux. Comme mes occupations de professeur avaient cessé, j'allai offrir mes services à M. l'abbé Plumier, mon compatriote, qui était aumônier au Grand Hospice. Pour m'aguerrir en quelque sorte, je parcourais chaque jour les salles des cholériques ; il me semble voir encore un homme se tordant sur son lit, en proie à des douleurs atroces et paraissant insensible à toutes les marques d'intérêt qu'on lui donnait.

II.

PRÉLIMINAIRES DE LA DISSENSION

Lorsqu'il n'y eut plus aucun cas ni en ville ni dans les hôpitaux, les élèves rentrèrent et nous nous remîmes à l'œuvre ; nous étions à la mi-carême. Je dois maintenant signaler deux incidents qui mirent le feu aux poudres.

M. l'abbé Bicheron avait fait construire de nouvelles classes, au milieu de la grande cour de récréation, de telle sorte que les élèves de la grande division furent totalement séparés de ceux de la petite division ; à la reprise des classes après le second choléra, les travaux venaient d'être achevés ; les appartements étaient naturellement très-humides et il était imprudent d'y laisser séjourner les élèves pendant quatre heures de la journée ; n'importe ; M. Bicheron ordonna à tous les professeurs de déserter les anciennes classes qui étaient situées au 3me étage et d'occuper les nouvelles ; j'en fis l'expérience pendant quelques jours ; mais, comme le petit nombre de mes élèves n'était pas suffisant pour échauffer l'appartement, je décidai avec eux de retourner à l'ancienne classe. Le motif me parut si légitime que je crus pouvoir me dispenser de prévenir M. le supérieur de notre résolution, ce que j'aurais pourtant dû faire, je le confesse ; mais à peine eut-il appris cela, qu'il m'ordonna avec humeur de descendre à la nouvelle classe, sans se préoccuper des conséquences fâcheuses qui pouvaient en résulter pour notre santé ; l'obéissance fut prompte ; mais je fus obligé de calmer l'indignation des élèves, qui n'hésitèrent pas à considérer cette défense comme une taquinerie, faisant suite à celles de l'année dernière.

Le second incident fut plus grave ; on peut le regarder comme l'étincelle qui prélude à l'incendie.

M. Bicheron avait fait de nouveaux dortoirs et de nouvelles classes ; or on n'entretient pas des ouvriers de tout genre, pendant une année entière, sans argent ; avec 180 élèves, dont la plupart payaient 600 fr. sans compter les fournitures, les recettes étaient considérables ; et s'il n'y avait eu d'autres dépenses que les honoraires des professeurs, les traitements des domestiques et les frais journaliers que réclame ce qu'on appelle dans les prospectus une nourriture saine et abondante ou pour parler plus historiquement, suffisante, assurément le superflu eut été considérable et M. Bicheron aurait pu se flatter d'avoir une maison prospère ; or bien avant la fin des trimestres, la caisse était vide ; il fallait pourtant faire face aux dépenses journalières et à tous les frais de cuisine, payer à la fin de chaque mois les professeurs et les domestiques, donner des à-compte importants à tel et à tel ouvrier, qui ne pouvaient attendre ; il fallait donc, pour ne pas faire triste mine, recourir aux économies, trancher dans le vif des dépenses superflues, supprimer surtout les embellissements inutiles, en un mot, diminuer le nombre des ouvriers ou les congédier tout à fait et ajourner les travaux qui n'étaient pas nécessaires. Mais M. Bicheron avait son plan, qu'il fallait exécuter, coûte que coûte, pour trouver de l'argent, il réduisait bien certains frais ; mais c'étaient ceux principalement auxquels il ne fallait pas toucher, ceux qu'exigeait la nourriture des élèves ; les professeurs n'étaient guère mieux traités ; un d'eux moins tolérant que les autres jeta un jour le plat rempli d'os et de graisse au milieu du réfectoire, ce qui n'était pas propre à calmer le mécontentement des élèves, qui était devenu général.

L'abbé Félix que j'avais choisi pour mon confesseur depuis le mois d'octobre et dont je dirigeais aussi la conscience *(admirabile commercium)*, gémissait en secret, comme moi, de cet état de choses et n'osait en parler à son ami et ancien condisciple, qu'il tutoyait, et avec lequel il vivait assez familièrement ; mais connaissant son caractère entêté et ombrageux, il ne se serait pas permis de lui faire la moindre remontrance ; aucun des autres professeurs n'en eut même l'idée ; et lorsque un jour dans une réunion je manifestai le dessein d'accomplir ce que j'appelais un devoir, on me traita d'imbécile et d'insensé ; et l'on eut parfaitement raison.

Je ne crois pas à la fatalité ; je ne pense pas que les choses arrivent parce qu'elles doivent arriver ; cependant comment se fait-il que, depuis que je suis mêlé à certaines affaires publiques, les causes les plus innocentes, les plus légitimes et en apparence les plus légères, ont toujours produit chez moi des effets désastreux et ont soulevé des tempêtes ? Etait-ce un crime de se présenter poliment à M. Bicheron, de lui exposer sans amertume et en observant tous les ménagements possibles, les griefs et les murmures des élèves, qu'il soupçonnait peut-être, mais dont il n'avait pas la certitude ; de se faire l'interprète charitable des plaintes mêmes des professeurs et de quelques familles, et enfin d'accompagner ces avis salutaires de protestations d'amitié et de dévoûment ? non, certes, ce n'était pas un crime ; qui oserait le nier ? Mais il faut avouer qu'après tout ce que j'avais éprouvé à Salon, aux Cadeneaux et à St-Remy, j'étais encore beaucoup trop naïf, pour espérer que l'abbé Bicheron ne serait pas froissé de ma démarche et ne croirait pas qu'elle était le résultat d'un complot.

Cependant mes observations furent accueillies sans que la moindre impression pénible se manifestât ni dans ses paroles ni sur ses traits ; au moins je ne le remarquai pas ; il m'adressa diverses questions, comme un homme qui était décidé à prendre mes avis en considération et me réitéra plusieurs fois ses remerciments de lui avoir fait ouvrir les yeux sur un danger que ses nombreuses affaires l'avaient empêché d'apercevoir. Je le quittai donc très-satisfait de ma visite que j'appelais dans ma bonhomie un devoir accompli. On remarqua en effet quelques améliorations dans le régime ; et comme le bruit de la démarche que j'avais faite, grâce aux indiscrétions des professeurs, se répandit dans la maison, on ne manqua pas de me les attribuer ; ce qui n'était pas de nature assurément à diminuer ma popularité.

III

DÉBUT DE LA DISSENSION

L'abbé Bicheron, très-habile dans l'art de dissimuler beaucoup plus que je ne le pensais, s'était contenu de son mieux en ma présence ; mais si j'avais pu lire au fond de sa pensée, je ne serais pas sorti de la conférence si triomphant ; on le vit en effet quelques jours après s'absenter pour vingt-quatre heures ; il était parti pour Aix, où il jouissait alors encore d'une grande réputation de science et de vertu, et d'un grand crédit auprès des vicaires généraux, malgré les excentricités de sa conduite lorsqu'il était curé à Grans. Que leur dit-il ? Je n'ai pas assisté à la conférence qui eut lieu entre M. Gal ou M. Bony et lui ; mais j'ai su plus tard que tel fut le thème de la conversation : « M. Jonjon ne peut plus rester à Marseille ; Mgr d'Icosie veut s'en défaire à tout prix ; donc pour le sauver d'une disgrâce imminente, il faut le faire rentrer immédiatement dans son diocèse. »

M. Gal qui m'était sincèrement attaché et qui était loin de soupçonner une si noire duplicité dans l'ancien curé de Grans, lui promit de me chercher un poste dans le plus bref délai et de me rappeler huit jours après cette démarche, afin qu'elle ne parût pas avoir été la cause de mon départ. Or que se passait-il pendant cette huitaine? *Il ouvrait son cœur*, selon ses expressions, à M. l'abbé Blanc, *le prêtre impur*, avec lequel on me fera bientôt un crime de m'être associé ; il avait jeté les yeux sur lui pour me remplacer, comme professeur de rhétorique ; il affectait de passer les récréations avec ce nouveau confident de ses pensées : « Ah ! lui disait-il entre autres choses, *comme ces quinze jours me pèsent !* » et à peine avait-il quitté l'abbé Blanc, que celui-ci peu flatté de recevoir ces perfides confidences, montait à ma chambre pour me tout révéler et m'en témoigner son indignation.

Enfin le 3 avril je reçus de M. Gal la lettre suivante dans laquelle, comme on le voit, il s'excuse de son mieux d'une nomination qui n'avait aucune raison d'être et use de toutes les précautions oratoires pour m'étourdir sur les conséquences fâcheuses d'une retraite si précipitée.

ARCHEVÊCHÉ D'AIX
—

« *Aix, 2 Avril 1835*.

« Monsieur,

« J'ai toujours pensé, que ce n'était pas pour toujours que vous vous étiez éloigné de votre diocèse, et que lorsque nous aurions besoin de vous, nous trouverions en vous, un prêtre soumis et docile à la voix de ses supérieurs. La paroisse de Rognac se trouve sans curé, dans un moment où sa présence serait très-nécessaire ; si vous pouvez, sans déplaire à Mgr l'évêque de Marseille, vous dégager des liens que vous avez contractés avec lui, vous nous rendrez service, et nous vous saurons bon gré d'être venu au secours d'une population assez intéressante, et même religieuse, qui nous demande avec instance de lui donner un pasteur.

« A mon particulier, je serai charmé de voir rétablir entre nous nos anciennes relations, et de vous donner des nouvelles preuves de sincère attachement avec lequel je suis votre très-humble et très-obéissant serviteur. (1).

« GAL, *vic. gén. cap.* »

Je m'attendais à un changement quelconque ; mais être rappelé dans mon diocèse, au milieu de l'année scolaire, après avoir été directeur des classes et professeur de rhétorique, pour devenir curé de Rognac, fut, je l'avoue, une pilule trop amère pour mon amour-propre ; mais on conviendra avec moi qu'un départ subit dans de telles conditions ne pouvait pas être honorable et ouvrait un vaste champ aux conjectures. Aussi à peine eus-je pris connaissance de cette lettre, que je ne fis qu'un bond de ma chambre à celle de M. Bicheron ; il était assis à son bureau ; sans le saluer, je lui présente la lettre tout ouverte : « Lisez, lui dis-je ; c'est vous qui m'avez fait nommer curé de Rognac. »—« Ce n'est pas moi, répondit-il pâle d'émotion. »—« C'est vous, répliquai-je en lui enlevant la lettre des mains, oui, c'est vous. » Et sans dire autre chose, je sortis et je remontai à ma chambre avec la même promptitude que j'avais mise pour en descendre.

Bicheron avait le caractère malin et perfide ; cependant il ne persévérait dans ses méchancetés que lorsqu'il tra-

---

(1) Mes lecteurs remarqueront, avec moi, que M. Gal constate que j'étais *lié* à l'égard de Mgr l'évêque de Marseille ; or évidemment ces liens devaient être réciproques et pris en considération par les deux parties contractantes ; par conséquent on ne pouvait pas plus me congédier arbitrairement qu'il ne m'était permis de me retirer, sans l'agrément de l'évêque.

vaillait dans l'ombre contre des adversaires qui ne pouvaient ou qui ne voulaient pas résister à ses intrigues. Mais il manquait d'énergie, lorsqu'on lui résistait en face. Aussi, dès que j'eus fermé sa porte, il se rendit chez l'abbé Félix, dont la chambre était à côté de la sienne, et le pria lâchement de monter chez moi et de me calmer.

L'abbé Félix avait des qualités d'esprit incontestables ; mais ses qualités de cœur n'étaient pas au niveau de son intelligence ; il n'était pas méchant sans doute ; mais se dévouer et s'exposer à un danger quelconque, pour sauver un ami, c'était au-dessus de ses forces ; il raisonnait, lorsqu'il fallait agir spontanément et suivre le premier penchant de la nature, qui bien loin d'être toujours mauvais, est souvent dans les nobles âmes la source des plus héroïques entreprises.

L'abbé Félix donc s'empressa de s'acquitter, comme un automate, de la commission délicate qu'on venait de lui donner ; il me trouva debout relisant ma lettre de nomination à la cure de Rognac : « Sois tranquille, me dit-il, ne pense plus à cette affaire ; c'est bien lui qui en est la cause ; il arrangera tout ; il te le promet. » — « Ah ! ce n'était pas lui, maintenant c'est lui ; voyez comme j'ai frappé juste ; eh bien, dites-lui que je le remercie ; je vais essayer de ne plus y penser. » Sur ce, M. Félix descendit pour rendre compte au supérieur de sa mission, avec la même impassibilité ; et cependant qui mieux que lui eut réussi à faire entendre raison à son ancien condisciple, s'il avait voulu user de son ascendant légitime ?

On comprendra que je ne pouvais pas laisser à M. Bicheron le soin d'arranger cette affaire à sa fantaisie ni rester neutre et indifférent, comme si je n'avais pas été l'objet de tout le mouvement qui s'était fait autour de moi.

Je dus d'abord répondre à M. Gal pour le remercier de de son bon souvenir et en même temps pour lui faire observer que je ne pouvais pas accepter le poste qu'il m'offrait, sans que mon honneur fût compromis ; je lui promis d'être à sa disposition au mois d'août, s'il avait besoin de mes services pour quelque poste que ce fût ; j'ajoutai, ce qui était vrai, que l'intention de M. Bicheron était de me conserver et qu'il allait lui écrire dans ce but, comme venait de me l'assurer M. l'abbé Félix.

Je fus plus expansif dans la lettre que j'adressai en même temps à M. Bony, à qui je fis connaître sans détour l'état des choses.

Ces deux lettres produisirent un effet prodigieux ; j'ignore ce qu'on écrivit immédiatement à M. Bicheron ; mais s'il faut en juger par la colère qu'il en ressentit et qu'il ne put s'empêcher de me témoigner dans la lettre suivante, on a dû lui tenir un langage sévère, à cause du double rôle qu'il jouait, en se faisant mon protecteur, après avoir été mon dénonciateur.

Cette lettre est aussi tortueuse pour la forme que pour le fond ; l'orthographe laisse un peu à désirer ; mais je la donne telle que je la trouve dans mes papiers. Le décousu et l'obscurité de certaines phrases et les nombreuses ratures qu'on y remarque, ne s'expliquent que par le trouble d'une conscience qui affecte, pour m'intimider, les réticences mystérieuses pleines de menaces et la compassion hypocrite.

« *11 Avril 1835.*

« Mon cher Monsieur Jonjon,

« Quelque répugnance que j'éprouve à traiter en conférence les affaires pénibles, je me serais décidé à vous voir, si ce n'était que j'ai pensé qu'une lettre vous serait plus utile. Permettez-moi donc de vous dire quelque chose de votre situation dans la maison ; il me semble qu'elle est fausse ; il me sera facile de vous le démontrer.

« Vous avez sans doute regardé comme non avenues les communications que je vous fis faire par M. Félix ; les choses que je vous entends dire, que je vous vois faire, ont fait naître cette opinion dans moi ; détrompez-vous, mon cher Monsieur. *Rien n'est vrai*, comme ce qui vous fut dit et de mes dispositions personnelles à votre égard et de mes démarches à Aix et des intentions de l'évêché de Marseille. Oui, il est très-*constant* que j'ai voulu vous épargner des ordres fâcheux, lorsque j'ai invité M. Bony à vous donner de l'emploi à Aix ; et *si* ces ordres fâcheux n'ont point été donnés, *parceque* j'ai obtenu, après bien des instances, que l'on vous laisserait tranquillement partir, d'après ceux que vous recevriez de votre diocèse.

« Je ne vous en veux point pour avoir écrit à M. Bony avec une aussi forte irritation contre moi ; l'intérêt que je vous porte, est fondé sur des motifs qui *n'excluent* pas la prévoyance de ces emportements plus ou moins vifs. *Rappellez-vous* les premiers rapports que nous eûmes ensemble ; vous me jetâtes à la figure une lettre que je méritais bien peu ; vous le reconnûtes sur l'heure ; eh bien ! je me flatte que plus tard vous reconnaîtrez vos injustices présentes. Quelque disposé que je sois à faire la part de l'exaltation actuelle de votre esprit, je ne puis me défendre de vous plaindre amèrement de votre allégation à M. le grand vicaire Gal. Serait-il bien vrai que moi *je vous eusses dit expressément que vous ne deviez point songer à abandonner votre poste* ? Vous écriviez en même temps à M. Bony ce que vous savez et ce que je n'ignore pas. Et que prétendiez-vous en me prêtant ces indignes absurdités ? Me peindre apparemment comme un Tartuffe, un calomniateur qui n'oserait soutenir en face ses délations ?

« Oh ! Monsieur, que vous me faites pitié ! N'avez-vous pas vu que je n'avais qu'à dire un mot pour renvoyer à qui de droit le rôle de duplicité et de fourberie ? Eh bien ! ce mot, je ne le dirai pas ; non, je ne donnerai point à

M. Bony les éclaircissements qu'il me demande, puisqu'ils vous nuiraient, et je vous regarde comme assez malheureux.

« *Seulement que je vous dise* que votre séjour dans la maison ne peut se prolonger sans de graves inconvénients ; on est contre vous à l'évêché dans des dispositions certainement sévères ; elles ont tenu contre mes *suplications* les plus vives ; on veut que vous sortiez du diocèse. Voulez-vous attendre que l'ordre vous en soit signifié ?

« Ah ! si vous me permettiez de suivre un instant les inspirations de l'amitié, que vous ne pouvez m'empêcher de sentir, *j'irai* auprès de vous, je vous *conjurerai* avec larmes de ne point vous perdre, de profiter de la voie honnête qui vous est ouverte ; celle que vous menacez de suivre, est un abime....., je n'ose insister, crainte de vous faire du mal. J'éprouve même du regret de tout ce que je vous ai dit ; cependant il m'a paru que ceci était obligé. M. Bony *m'interpellait* sur une accusation : j'avais à lui répondre qu'on avait trompé M. Gal ; j'ai pensé de vous le dire à vous-même, afin de vous laisser profiter de mon silence.

« Mes dispositions ne sont nullement hostiles et je serai toujours prêt à vous servir.

« Votre tout dévoué,

« BICHERON. » (1)

---

(1) A propos de cette lettre, il est un incident bon à relater. Lorsque j'étais précepteur chez M. de St-Pons, à Salignac, M. l'abbé Aubert était curé d'Eguilles. Il avait la prétention de deviner le caractère des personnes, en examinant la forme de l'écriture. Or il professait la plus profonde estime pour M. l'abbé Bicheron et traitait sans façon de faussetés ou au moins d'exagération ce que je lui exposais de mes griefs contre l'ancien supérieur du petit Séminaire, qui était alors littéralement sur le pavé. Un jour donc j'eus la maligne pensée de mettre sous les

Ma position dans la maison, d'après M. Bicheron, *était fausse*. Il avait raison ; je ne voulais sortir qu'au mois d'août ; il voulait me mettre à la porte immédiatement ; par conséquent *ses dispositions personnelles* n'étaient pas amicales ni même simplement bienveillantes ; personne ne doutait dans la maison de la nature de ses dispositions à mon égard. Ainsi premier mensonge.

Il a fait *des démarches à Aix* pour me sauver et m'empêcher de tomber dans l'abime ; et cependant il avait osé me dire : *ce n'est pas moi*. Mais si la charité et l'amitié lui ont suggéré cette démarche tortueuse, ce qui n'est pas dans la nature de ces deux vertus, pourquoi en effet ne pas suivre leurs inspirations les plus ordinaires et recourir à une dénonciation à laquelle je n'ai pas assisté, au lieu d'avoir avec moi une conférence confidentielle en présence de l'abbé Félix ? Ainsi *les démarches* à Aix n'ont pas été faites dans mon intérêt. Deuxième mensonge.

On était contre moi à l'évêché dans des dispositions extrêmement sévères. Et pour quel motif ? Je n'ai jamais pu savoir précisément pour quelles fautes j'avais ainsi assumé la colère de l'évêché, ni ce *mot* terrible qui devait tant me nuire et qui n'a jamais été prononcé, pas même au plus fort de la lutte. Tout mon crime plus tard fut de m'être associé avec deux prêtres qui jouissaient alors de l'estime de M. Bicheron, et dont l'un, le confident de ses pensées secrètes, devait me remplacer, comme professeur de rhétorique. D'ailleurs la conférence que j'eus quelques jours après avec Mgr d'Icosie, est une

---

yeux du curé la lettre susdite en plaçant mon pouce sur la signature, et je lui demandai ce qu'il pensait du caractère de l'homme qui l'avait écrite. Sa réponse fut prompte : « Cet homme, me dit-il, n'est pas sincère ; les sinuosités de son écriture sont le signe incontestable de sa duplicité. » En même temps je retirai le pouce ; et la signature dévoilée fut tout à la fois le triomphe du devin et ma propre justification.

démonstration complète du troisième mensonge. « Que vous ai-je fait, dis-je naïvement au prélat? Que me reprochez-vous? On m'assure que vous êtes irrité contre moi. Je vous en supplie; daignez me faire connaître le mal que j'ai fait. » — « Moi, me répondit-il, je n'ai pas à me plaindre de vous; on m'a dit que vous ne pouviez pas vivre avec M. le supérieur; et dans ce cas il faut que l'inférieur se retire. D'ailleurs, ajouta-t-il, *vous ne venez jamais me voir.* »

« Je vous comprends, Monseigneur, lui dis-je; vous me confirmez, ce que je savais déjà, que la vraie cause qui provoque mon départ, vient des dispositions personnelles de M. Bicheron; d'autre part M. Bicheron prétend que c'est vous-même qui exigez mon départ, en quelque sorte malgré lui; d'où je conclus qu'il faut que je parte; mais il me semble qu'il n'y a aucun motif grave pour précipiter une sortie, qui peut avoir pour moi de fâcheux résultats dans l'opinion publique; attendons le mois d'août; je n'étais pas sur le pavé, lorsque mon archevêque *m'a prêté seulement pour neuf mois à son vénérable voisin;* je n'y serai pas non plus en quittant le diocèse de Marseille; de cette manière notre séparation se fera sans bruit ni scandale. »

Mgr d'Icosie était si peu irrité contre moi que ce langage, dicté par la raison et l'équité, lui fit impression; aussi il me répondit avec beaucoup de calme, je le déclare hautement, qu'*il consentait à cet arrangement et qu'il en parlerait à M. Bicheron.* Ainsi le troisième mensonge est incontestable.

Quant au reproche que le prélat venait de me faire, *de ne jamais aller le voir,* je l'avais bien mérité; je n'ai jamais su jouer le rôle de courtisan; ce qui m'a fait en diverses circonstances une réputation de *frondeur,* côtoyant celle d'*insubordonné.* Mais puisque je n'allais pas voir Mgr d'Icosie, que je ne faisais aucune tentative pour entrer dans ses bonnes grâces, ce qui m'eut été facile, en lui rappelant le souvenir de la Mission de St-Chamas, et de M. Bernard (1), qui lui avait donné l'hospitalité dans sa maison; souvenir qu'il a toujours conservé, qui a été plus tard l'objet d'une conversation intime et à cause duquel il dit à M. l'abbé Guyon, le prédicateur, qu'*il avait un faible pour moi;* puisque, dis-je, je n'allais pas le voir, je ne conspirais donc pas au Séminaire contre M. Bicheron, dont j'aurais pu aisément révéler la conduite journalière peu digne d'un supérieur, ses excès de pouvoir, le mécontentement des élèves, etc. En n'allant jamais à l'évêché où au contraire M. Bicheron se rendait souvent, je laissais semer et croître les préjugés défavorables, sans y opposer des accusations formelles, qui auraient provoqué une enquête; or si j'avais été un conspirateur, il faut convenir que je n'étais pas habile et que je prenais une route toute opposée à mon dessein.

M. Bicheron me reproche de l'avoir fait passer pour un Tartuffe; j'aurais pu lui répondre : « Ce n'est pas ma faute, si vous avez passé pour tel; pourquoi en avez-vous joué le rôle ? » Mais rien de semblable n'a été écrit dans la lettre que je lui adressai.

Enfin M. Bicheron rappelle l'incident de Salon, avec aussi peu d'exactitude; il avait prétendu n'avoir pas tenu le propos qu'une dévote lui attribuait contre moi et m'avait autorisé à lui imposer une pénitence sévère, comme si sa juridiction sur cette personne était supérieure à la mienne; cette dévote avait fort bien entendu et n'était pas capable d'inventer ce propos; il était donc certain que M. Bicheron l'avait tenu; touché cependant de sa dénégation que je pris pour un désaveu sincère du propos, je le priai d'excuser ma promptitude à le croire coupable. Or quel rapport y avait-il entre cette mince discussion et la longue suite des mauvais procédés que je viens d'exposer et qui étaient d'une notoriété publique?

---

(1) Mon compatriote et ami intime de mon grand-père.

Voici ma réponse telle que j'en ai trouvé la copie :

« *11 avril 1835.*

« Monsieur le Supérieur,

« Je déclare avec autant d'assurance que si j'allais paraître devant Dieu, que l'abbé Félix m'a dit que vous, M. Bicheron, vous ne souffririez pas mon départ. Si une rétractation devient nécessaire, ce n'est pas à moi à la faire ; d'ailleurs je suis fort aise de savoir que vous ne vous êtes point opposé à mon départ.

« Je déclare que les ordres fâcheux dont vous me menacez, ne m'épouvantent nullement ; ma conscience ne me reproche contre l'administration épiscopale que quelques paroles vagues, comme il arrive d'en prononcer aux autres professeurs et à vous-même. D'ailleurs ma conduite intègre sur tout autre rapport et le dévoûment que j'ai déployé l'an dernier pour la prospérité de la maison, devraient, ce me semble, couvrir ces légères fautes. Ainsi, Monsieur, l'abîme que vous me faites entrevoir me fait compassion, (pour me servir de votre langage). Quand la conscience ne me reproche dans le passé que des sacrifices inutiles, des services méconnus et oubliés, il n'y a pour moi aucun abîme à redouter ; il n'y a à mes yeux d'autre abîme que la colère de Dieu.

« Je déclare que lorsque vous m'avez fait renoncer au vicariat de St-Remy et à tous les avantages qu'on me promettait à Aix, et que je suis venu chez vous pour professer seulement la troisième, j'ai cru que l'autorité ecclésiastique de Marseille contractait des obligations envers moi, et moi envers elle, et qu'il ne serait pas loisible à l'une et à l'autre des deux parties contractantes de briser ces liens, sans des raisons graves et évidentes. Je déclare enfin que vous êtes le seul dans la maison à regarder ma situation comme fausse ; vous savez mieux que personne que ma présence n'est dangereuse sous aucun rapport.

« (Il me semble, si je ne me fais illusion, que je ne me suis pas rendu coupable dans cette lettre, de cette *exaltation*, qui est le thème usité de tous mes ennemis).

« Agréez, etc.

« Jonjon. »

Je remarque en passant que, quoique je ne susse pas un mot du Droit Canon, et que je n'envisageasse cette question que d'après les lumières du bon sens et du droit naturel, pour la première fois je me révoltai en quelque sorte contre la prétention de l'évêque de Marseille de me considérer comme un étranger ; et comme au moment où je trace ces lignes, c'est-à-dire, après 40 ans, je suis encore victime de cette grave erreur de l'épiscopat français, je crois devoir exposer sur ce point les vrais principes, que je copie mot à mot d'un cours de Droit Canonique par l'abbé Goyhénèche :

« On devient sujet d'un évêque de quatre manières : 1° par l'origine ; 2° par le domicile ; 3° par la collation d'un bénéfice ; 4° par une résidence de trois ans auprès d'un évêque, comme son *familier*.

« Tout fidèle est sujet d'un évêque, par l'origine, etc.

« On acquiert le domicile dans un diocèse, quand on y fixe son habitation, avec le dessein d'y demeurer toujours, ou bien lorsqu'on y est demeuré pendant dix ans, comme l'observe Innocent XII.

« On est sujet d'un évêque à raison du bénéfice, lorsqu'on a légitimement obtenu dans son diocèse un bénéfice ecclésiastique. »

D'après ces principes, il est évident que, quoique pendant la première année, je fusse encore sujet de l'archevêque d'Aix, puisqu'*il m'avait prêté seulement pour neuf mois à son vénérable voisin*, je n'étais pas moins soumis à la juridiction de l'évêque de Marseille, à raison de mon emploi, qui était une sorte de bénéfice ; de plus l'administration ecclésiastique d'Aix ne m'ayant pas réclamé à la fin de l'année scolaire, et m'ayant implicitement autorisé à continuer mon séjour à Marseille, je fus libre de contracter un nouvel engagement au moins pour un an, et par conséquent, je redevins provisoirement sujet de l'évêque de Marseille, qui devait me traiter comme tel ; et de même que je ne pouvais décemment quitter la maison sans motif raisonnable, ainsi l'on ne pouvait pas me congédier, comme on me l'écrivit plus tard, *pour des motifs qu'il n'était pas nécessaire de me dire.*

C'est ainsi au reste que M. Gal envisageait ma position dans sa lettre du 2 avril, comme je l'ai fait observer.

CHAPITRE III

Mon Expulsion du Petit Séminaire

I

CAUSE OU PRÉTEXTE DE CETTE EXPULSION

Je reviens à l'exposition des faits.

Après ma visite à Mgr d'Icosie, qui me fit connaître assez franchement la vraie situation, et me permit de continuer mon emploi jusqu'au mois d'août, je me fis un devoir rigoureux de garder le plus profond silence sur tout ce qui s'était passé et de me concentrer entièrement dans mes occupations de professeur ; je veillais surtout à ne rien faire qui pût déplaire à celui que je pouvais appeler mon ennemi, malgré ses dénégations ; je savais qu'il dévorait en secret le dépit d'avoir été frustré dans son espérance ; pour me servir d'une expression technique, il me taquinait souvent pour des minuties ; mais je faisais semblant de ne pas m'en apercevoir et rien ne me faisait pressentir que je finirais par perdre patience. J'ai ainsi vécu jusqu'au 6 mai, presque un mois.

Ce jour-là le temps était humide et la matinée avait été fraîche ; j'avais donc encore du feu à mon cabinet d'étude.

Je descendis à l'infirmerie où se trouvait alité depuis quelques jours un élève de troisième, mon compatriote, Chapplain (1) ; je le trouvai tout habillé. étendu sur son lit ; je l'engageai à venir chez moi pour se chauffer ; ce

---

(1) Aujourd'hui docteur en chirurgie, d'une incontestable habileté.

qu'il fit immédiatement en prévenant l'infirmier, qui était un de mes élèves de l'année dernière ; or tous les professeurs avaient toujours eu la faculté de prendre des élèves soit pendant les récréations, soit pendant les heures d'étude, pour les mener à leurs chambres, sous la seule condition d'avertir le surveillant, quel que fût leur motif, qu'ils n'étaient nullement obligés de faire valoir ; j'avais trouvé cet usage à mon arrivée l'année précédente et je n'y avais pas touché ; j'avais donc le droit de conduire cet élève dans mes appartements ; et vouloir m'en empêcher, c'eût été évidemment faire une défense tout exprès pour moi ; la taquinerie eût donc été flagrante ; or c'est ce qui arriva.

A peine l'élève en question était-il assis dans mon cabinet, que l'infirmier arriva, en me le réclamant au nom de M. le supérieur, qui, par hasard sans doute, venait de visiter l'infirmerie ; j'aurais dû, j'en conviens, obtempérer à cet ordre ; mais la méchanceté me parut si évidente, que j'en fus révolté ; je répondis cependant avec modération : « dites à M. le Supérieur qu'il soit tranquille ; M. Chapplain est sous ma surveillance. » L'infirmier s'acquitta de la commission ; mais il revint bientôt après, avec l'ordre formel de ramener M. Chapplain à l'infirmerie. Toutes mes résolutions s'évanouirent et ma patience s'en alla en fumée : « dites à M. le Supérieur, répliquai-je, que j'ai, comme les autres professeurs, le droit de garder un élève qui n'est pas en classe. » Le mot était lâché ; je résistais à la volonté de M. le Supérieur ; elle était arbitraire assurément ; le désir de me trouver en faute était très-évident ; n'importe. M. Bicheron fait immédiatement sa toilette et part pour l'évêché ; qu'a-t-il dit pour me noircir et aggraver ma faute, qui en réalité était bien excusable, puisqu'elle avait été provoquée, je l'ai toujours ignoré ; mais il faut que le tableau ait été bien chargé, puisqu'à son retour, il m'écrivit la lettre suivante, au nom de l'évêque :

PETIT SÉMINAIRE
de
MARSEILLE

« 6 mai 1835.

« Monsieur,

« J'ai dû informer Monseigneur l'évêque de l'inconcevable conduite que vous avez tenue à mon égard ce matin. Voici les ordres qu'il me charge de vous transmettre :

« Vous voudrez bien intimer à M. Jonjon de sortir
« incessamment de votre maison, où ses fonctions cessent
« à l'instant même. En faisant exécuter ce que je vous
« mande, veuillez aussi, Monsieur, faire savoir à M. Jon-
« jon que ses pouvoirs de confesser lui sont retirés et que
« sa présence étant désormais inutile dans le diocèse de
« Marseille, je l'invite à retourner dans le diocèse auquel
« il appartient. »

« Vous n'aurez donc plus, Monsieur, à vous occuper de votre classe ; vous serez remplacé dès demain. Il est très-possible que vous ayez bien des affaires avec les élèves de la maison, cependant je suis forcé de leur interdire tout rapport avec vous ; vous m'obligerez de ne pas me réduire à employer des moyens pénibles pour obtenir cet effet.

« Je ne crois pas qu'il vous convienne à vous, pas plus qu'à nous, de prendre un longtemps pour faire vos malles ; d'ailleurs l'ordre de Monseigneur est péremptoire et ne souffre pas de retard.

« J'ai l'honneur de vous saluer.

« BICHERON. »

Ce monument de despotisme et de colère brutale ne peut être que l'œuvre d'un prêtre vindicatif ; un colonel de gendarmerie n'emploiera jamais ce style sauvage à l'égard de ses subordonnés. Qu'il me soit permis de rapprocher de la faute que je viens d'exposer, les locutions suivantes :

Inconcevable conduite — ordres qu'il me charge de vous transmettre — vous voudrez bien intimer — ses fonctions cessent à l'instant même *(ipso facto)* — en faisant exécuter — je suis forcé d'interdire aux élèves tout rapport avec vous *(j'étais un pestiféré)* — employer des moyens pénibles pour obtenir cet effet *(c'est-à-dire emprisonner et expulser les élèves ou bien me faire sortir par la force armée)* — ne pas perdre un longtemps pour faire les malles — etc., etc.

On doit remarquer dans cette lettre la phrase sacramentelle : « ma présence étant désormais inutile dans le diocèse de Marseille, je suis invité à retourner dans le diocèse *auquel j'appartiens.* »

L'ordre étant péremptoire, il fallut, conformément au texte, *faire les malles* et partir. Je ne fus pas embarrassé pour trouver un gîte ; avec moi partit immédiatement un élève, Benoît de Montézan ; il vient de mourir, au moment où je trace ces lignes ; je lui ai donné moi-même les derniers Sacrements, et à cette occasion j'ai éprouvé de cruels ennuis qui sont exposés ailleurs ; je reviens à mon récit.

Benoît de Montézan n'était entré au petit Séminaire qu'à cause de moi ; en sortant, je l'emmenai chez lui, où je trouvai de la part de sa mère, camarade d'enfance de la mienne, l'accueil le plus affectueux, la table de la famille et une chambre à ma disposition.

II

MA VISITE A L'ÉVÊCHÉ
ET SUITES DE MON ENTRETIEN AVEC Mgr D'ICOSIE

C'est là que je me reposai pendant deux jours et que je cherchai à calmer les émotions qui étaient le résultat naturel et inévitable d'une expulsion si brusque, si sauvage, si peu chrétienne. Le 8, dans la matinée, j'eus la malheureuse pensée d'aller à l'évêché demander audience à Mgr d'Icosie ; il n'y avait cependant aucune témérité de ma part dans ce dessein ; j'avais conservé de ma dernière visite une bonne impression ; je n'avais pas perdu le souvenir des paroles affectueuses qu'il avait prononcées en me couronnant lui-même jadis à la distribution des prix de 1823 ; d'ailleurs je ne voulais pas me faire réintégrer dans mes fonctions ; j'étais seulement bien aise (et j'en avais le droit) de connaître les accusations qu'on avait portées contre moi et de m'en justifier, si c'était possible, ou au moins de les atténuer. J'avais eu à me plaindre de MM. Toche, Abel et Rey et même de Mgr Raillon ; mais leurs mauvais procédés que deux d'entre eux ont rachetés par des actes d'une bienveillance notoire, n'étaient jamais allés jusqu'à la violence ; je ne pouvais donc pas moralement prévoir le drame qui allait se dérouler à la suite d'une démarche qui était de ma part toute pacifique. L'apôtre St-Paul en effet n'a-t-il pas écrit ces immortelles recommandations : *Oportet episcopum..... esse..... non superbum, non iracundum, non percussorem..... sed benignum, justum, etc.?*

Après le dîner, je me dirigeai donc vers l'évêché, en

prenant un assez long détour ; car je ne dissimule pas que j'étais persuadé au moins de ne recevoir aucune satisfaction ; c'était à peu près trois heures lorsque je demandai audience et que je fus admis dans l'antichambre de Mgr d'Icosie ; la porte de son salon entr'ouverte me permettait de voir ce qu'il faisait ; il récitait son bréviaire et de temps en temps, pour observer certaines rubriques, il se mettait à genoux sur un fauteuil ; lorsque je m'aperçus qu'il avait fini ses prières, je frappai doucement à la porte, comme cela se pratique ; et au lieu de me dire, entrez, il sortit de son appartement pour me déclarer avec une brusquerie qui devait être préméditée sans doute avant la récitation du bréviaire, qu'il n'avait pas le temps de m'entendre.

Or nous étions seuls ; M. l'abbé Olive ne put donc pas être témoin de ce début et *il n'allait pas sortir avec Monseigneur, de sa chambre,* comme il l'affirme dans sa lettre, puisqu'il n'est arrivé que vers la fin de la conférence, lorsque Monseigneur et moi nous étions rentrés dans le salon de réception. J'insiste sur cette circonstance, pour prouver que M. l'abbé Olive, qui était resté dans l'antichambre, n'a pas pu voir ce qui se passait dans la chambre à coucher, où eurent lieu les principaux incidents de cette orageuse séance.

Mon caractère, naturellement timide, lorsqu'il est comprimé par une violence inattendue, reçoit, comme un ressort, de cette pression subite, une énergie qui, j'en conviens, me fait sortir de mon état normal et me rend capable de tenir un langage et de faire des actes extraordinaires.

« Vous n'avez pas le temps de m'entendre, répondis-je à Monseigneur ; mais puisque vous avez entendu mon accusateur, il faut bien que vous entendiez l'accusé ! » et en disant ces mots, j'entrai dans le salon où il me suivit avec un dépit bien prononcé ; et comme il me répéta la même phrase, sur un ton plus élevé, je lui fis la même réponse avec une vigueur proportionnelle à sa violence, en lui montrant du doigt le crucifix qui était sur sa cheminée, et que je prenais à témoin de l'injustice dont j'étais victime. Peu touché de cette pantomime, il me cria de toutes ses forces : « Sortez, sortez ; » — « Non, lui répondis-je, je ne sortirai d'ici que vous ne m'ayez entendu. » Et au lieu de sortir, je m'enfonçai dans sa chambre à coucher, où je m'assis sur un fauteuil.

Que s'est-il passé et qu'avons-nous dit pendant un quart d'heure, je ne m'en souviens plus. Je suis donc obligé d'avoir recours au *Sémaphore* du 13 mai, où se trouve exposé notre dialogue, sous une forme un peu dramatique, il est vrai, mais cependant avec une exactitude pour le fond qu'il me fut impossible alors de ne pas reconnaître. A peine en effet étais-je sorti de l'évêché, que j'allai faire confidence de ce qui venait de m'arriver à mon ami intime l'abbé Martin Lazare, dont j'ai déjà parlé ; il faisait depuis quelque temps une opposition plus ou moins occulte à l'évêché et surtout à Mgr d'Icosie ; ce fut pour lui une belle occasion d'attirer les regards du public sur les abus de pouvoir dont se rendait coupable depuis plusieurs années l'administration diocésaine ; il ne la laissa pas échapper ; je n'aurai donc plus besoin de le nommer, lorsque je citerai désormais le *Sémaphore* ; on le reconnaîtra aisément à son style ardent, quelquefois passionné et surtout exagéré, lorsqu'il vante mes qualités qu'il ne voit qu'à travers le prisme de l'amitié. Cependant je ne puis lui attribuer tout ce qui fut écrit dans le journal, concernant mon affaire, puisque M. Feissat, le rédacteur principal, s'y intéressa chaudement.

« *13 mai.*

JUSTICE DE L'ÉVÊCHÉ DE MARSEILLE

« Un prêtre doué de talents incontestables, d'une loyauté rare dans notre époque, d'un caractère qu'il est impossible de ne pas aimer et estimer quand on le connait et qu'on l'étudie sans prévention, sincère et généreux dans son amitié, exerçait les fonctions de professeur de rhétorique au petit séminaire de Marseille. Une médiocrité qui figure dans cette maison, nous ne savons à quel titre, et qui jouit, ceci est vrai et très-vraisemblable, de toute la confiance des meneurs de l'évêché, était jaloux de ce professeur, ainsi que de quelques autres et avait fait partager son antipathie pour ce caractère élevé, aux hommes haut placés au palais épiscopal. Après plusieurs plaintes et diverses dénonciations qui supposent autant de bassesse d'âme que de pauvreté d'esprit, M. Bicheron a signifié au professeur de rhétorique de quitter la maison au plus tôt. (M. Bicheron dit : ma maison, en parlant du petit séminaire). Le professeur a eu la simplicité de croire que l'évêque étranger qui opprime le clergé et tout le diocèse de Marseille, conservait encore quelques notions de justice. Un cruel événement l'a détrompé de sa généreuse illusion. Il s'est rendu vendredi dernier 8 du courant, à l'évêché, pour se justifier auprès de l'évêque d'Icosie ; celui-ci était en conférence dans sa chambre (1). Le professeur a attendu. Monseigneur est sorti bientôt en lui disant : « Je ne puis vous entendre. »

« *Le Professeur.* — Vous avez, Monseigneur, prêté une oreille attentive au calomniateur et vous m'avez frappé ; ayez la bonté de m'entendre à mon tour.

« *L'Evêque.* — Je ne puis.

« *Le Professeur.* — Je resterai ici jusqu'à ce que j'aie pu me faire entendre.

« *L'Evêque.* — Sortez d'ici, je vous ordonne de sortir.

« *Le Professeur.* — J'ai le droit de présenter ma justification.

« *L'Evêque.* — Si vous ne sortez, j'appellerai la force armée pour vous chasser.

---

(1) Erreur.

« *Le Professeur*. — Vous le pouvez, mais alors il sera bien constaté que je ne cède qu'à la violence et à la force brutale.

« Le vénérable évêque de Marseille, appelé par son neveu, se présente et dit au professeur : sortez. Le professeur allait s'adresser à l'évêque de Marseille, mais celui-ci s'était déjà retiré ; on lui avait seulement permis de dire : sortez. Le professeur revient à l'évêque d'Icosie.

« *Le Professeur*. — Je suis opprimé, frappé injustement, je dois me défendre et me justifier.

« *L'Evêque*. — Si vous ne respectez pas mon autorité, du moins respectez celle de l'évêque du diocèse ; il vous a ordonné de sortir.

« *Le Professeur*. — Je suis chrétien comme vous, et l'Evangile qui est notre loi commune, me permet de me justifier. Je suis prêtre comme vous, et d'après les notions de justice que nous inculquons aux fidèles, l'opprimé, le condamné sans avoir été entendu, doit chercher un moyen de faire entendre sa voix. Vous avez ici une autorité souveraine ; c'est votre justice que je réclame.

« L'évêque d'Icosie écumant de rage et de colère, s'élance vers l'escalier du palais en criant : au secours, à l'assassin. Tous les employés de la maison accourent, et le domestique particulier de Mgr d'Icosie reçoit des ordres qu'on ne peut qualifier.

« La justice est l'assassin que redoute Mgr d'Icosie !!!

« Le domestique entre dans la chambre de son maître où se trouvait le professeur et dit : sortez.

« *Le Professeur*. — Ce n'est point avec vous que j'ai à traiter ; je suis prêtre et victime de la calomnie ; je veux me justifier devant l'évêque ou avec les grands vicaires.

« *Le Domestique*. — Sortez, vous dis-je.

« *Le Professeur*. — Je réclame justice et je ne cèderai qu'à la violence. Mon intention est de rester ici, dussé-je y passer la nuit, jusqu'à ce que j'aie été entendu.

« Le domestique a mis la main sur le professeur ! Un

prêtre qui demandait justice a été appréhendé au corps ! Le professeur indigné, a dit : c'est assez de crimes (1), je vais me retirer.

« Cette scène s'est passée au Palais Episcopal de Marseille, dans la chambre de Mgr d'Icosie, le 8 mai 1835, vers les 4 heures. »

Le jour même où parut cet article dans le *Sémaphore*, j'allai selon mes habitudes lire les journaux à un cercle religieux, fondé par les missionnaires, où les ecclésiastiques étaient admis gratuitement ; en y entrant, je fus étonné de la curiosité avec laquelle les membres qui étaient présents lisaient le *Sémaphore* et de l'empressement qu'on mettait à se le faire passer. Lorsque mon tour fut venu, je fus en quelque sorte pétrifié de cette mise en scène où à l'insu des assistants je jouais le principal rôle, à tel point que, lorsqu'on me demanda à plusieurs reprises si je connaissais ce prêtre, il me fut impossible de répondre ; aussi à peine fus-je arrivé à la dernière ligne, que je me hâtai de me dérober à de nouvelles questions et je laissai ces Messieurs au moins dans le doute par mon départ précipité.

C'était pour la première fois de ma vie que mes actes privés étaient livrés à la publicité ; je pensai que mon nom allait être bientôt dans toutes les bouches ; cette perspective qui n'était pas un rêve, me causa une telle émotion que j'en perdis l'appétit et le sommeil. Toute la famille de Montézan et bien des personnes qui vinrent me voir pour m'offrir leurs consolations, furent témoins de la consternation dans laquelle j'étais plongé ; je ne mentis donc pas le lendemain lorsque j'affirmai à Mgr l'évêque que je n'avais *coopéré ni directement ni indirectement* à cet écrit.

Je laisse encore parler le *Sémaphore* :

---

(1) Je n'ai pas prononcé ce mot.

JUSTICE DE L'ÉVÊCHÉ DE MARSEILLE

(SUITE)

« Le 13 mai, le jour même où parut dans notre feuille le récit de l'attentat commis sur la personne d'un prêtre recommandable, par l'ordre de Mgr d'Icosie, le professeur reçut une lettre signée Flayol, qui lui annonçait que l'évêque de Marseille l'attendait le lendemain. Après le traitement qu'il avait essuyé le 8, le professeur était en droit de demander des garanties pour sa sûreté personnelle ; cependant il se rendit seul à l'évêché ; l'évêque de Marseille et M. Tempier le reçurent.

« L'évêque, tenant à la main notre numéro du 13, lui dit : Voilà ce que vous avez fait ou ce que vous avez fait faire.

« *Le Professeur*. — Monseigneur, je n'ai coopéré ni directement ni indirectement à la publication de cet article.

« *L'Evêque*. — Il faut donc le *désavouer*.

« *Le Professeur*. — Je ne puis le *désavouer*, car malheureusement tout est vrai.

« *L'Evêque*. — Non, Monsieur, tout n'est pas vrai.

« *Le Professeur*. — L'article est exact. La lettre que je pourrais écrire à M. le Rédacteur du *Sémaphore,* serait plus nuisible qu'utile à Mgr d'Icosie.

« *L'Evêque*. — Puisque vous ne voulez pas désavouer cet article, je vous défends de dire la messe dans mon diocèse.

« *Le Professeur*. — Si je ne dis pas la messe, je communierai.

« *L'Evêque*. — Et qui vous confessera ? Vous êtes un méchant prêtre.

« *Le Professeur*. — Ne vous mettez pas en peine de ma conscience ; je trouverai des confesseurs.

« Le professeur s'est retiré ; toutefois comme un évêque

ne peut pas refuser arbitrairement à un prêtre l'autorisation de dire la messe, que pour imposer à un prêtre cette privation capitale il faut de graves raisons, que ces raisons doivent être exposées au condamné, et s'il l'exige, doivent lui être exposées par écrit, (c'est un devoir pour tout supérieur ecclésiastique sous peine de suspense *a divinis* encourue *ipso facto),* le professeur écrivit une lettre à Monseigneur pour le prier de lui signifier par écrit et la censure qu'il portait contre lui et les motifs sur lesquels elle était fondée. L'évêque a signé en réponse une lettre qu'on peut résumer ainsi : « Vous n'êtes pas de
« mon diocèse, dès lors je puis vous refuser l'autorisa-
« tion de dire la messe, quand je crois avoir de graves
« raisons ; ces raisons je ne puis vous les dire, parce que
« je n'ai pas pris la peine d'examiner votre affaire !!! ». On pense bien que le professeur ne se tient pas pour battu.

« Dans l'intérêt de la morale publique et par pitié pour les meneurs de l'évêché, nous devons leur apprendre qu'il est un très-grand nombre de leurs contemporains qui méritent le nom sacré d'honnête homme et qui savent appeler de leur véritable nom ceux qui ont recours dans l'ombre à des calomnies infâmes, quelqu'habit qu'ils portent. Ainsi qu'ils soient sur leur garde, la probité est une vertu, les gens d'honneur de tous les partis le savent. »

En sortant de l'évêché, j'allai, comme la première fois, faire confidence à l'abbé Martin des incidents de ma seconde visite, en lui faisant des reproches d'avoir divulgué tout ce que je lui avais rapporté de la première et en lui recommandant avec les plus vives instances de ne plus me livrer à la publicité, au nom de mes plus chers intérêts ; mais il n'en fit rien, comme on vient de le voir. Il y a dans ses appréciations quelques erreurs, que je partageais moi-même à cette époque. J'éclaircirai tout cela dans la suite de cette discussion.

Voici les lettres auxquelles le *Sémaphore* fait allusion :

« *14 mai 1835.*

« Monseigneur,

« Je crois devoir réitérer par écrit la protestation que j'ai faite ce matin de vive voix ; je n'ai coopéré ni directement ni indirectement à l'article du *Sémaphore* ; j'en ai été indigné autant et même plus que Votre Grandeur ; d'autre part je ne puis faire aucune rétractation, parce qu'elle ne tomberait que sur quelques expressions peu importantes : le rapport du *Sémaphore* est vrai quant au fond ; une rétractation serait plus nuisible qu'utile à Mgr d'Icosie. Cependant vous m'avez interdit *à sacris* ; vous avez eu sans doute de graves raisons pour vous déterminer à prendre une mesure si sévère ; je respecte votre décision ; mais je vous prie de me donner connaissance par écrit des motifs pour lesquels je subis un si terrible châtiment. Si j'avais perdu la crainte de Dieu, et mérité la qualification de *mauvais prêtre* que vous m'avez donnée, je supporterais avec moins de peine la privation que vous m'infligez ; au reste que tous ceux qui vous entourent me jugent comme ils voudront ; je suis innocent devant Dieu ; dans quelques mois vous connaîtrez la vérité.

« Agréez, etc.

« Jonjon. »

Le lendemain je reçus la réponse suivante de Mgr l'évêque, par la plume sceptique de M. l'abbé Jeancard :

ÉVÊCHÉ DE MARSEILLE
—
« *Marseille, le 15 Mai 1835.*

« Vous appartenez, Monsieur, au diocèse d'Aix. Des raisons qu'il n'est pas nécessaire de vous dire me font désirer pour le bien, que vous y rentriez ; ces raisons sont suffisantes pour que je vous retire l'autorisation de célébrer dont tout prêtre doit être nanti pour dire la messe dans un diocèse où il est étranger. La mesure que j'ai prise à votre égard n'est pas autre chose.

« Si vous étiez mon diocésain j'aurais approfondi davantage cette fois comme les autres la question qui vous concerne ; mais vous n'êtes que par accident justiciable de mon autorité et je me contente de vous renvoyer, autant qu'il est en moi, devant votre juge naturel, c'est-à-dire, devant l'ordinaire de votre diocèse qui vous a déjà réclamé.

« Voilà tout ce que je puis vous dire après votre lettre dont quelques expressions peu mesurées sembleraient exiger que je ne vous fisse point de réponse.

« J'ai l'honneur de vous saluer.

« † CHARLES FORTUNÉ,
« Evêque de Marseille. »

Ma réplique :

« *13 Mai 1835.*

« Monseigneur,

« Quoique j'appartienne au diocèse d'Aix, je ne me crois pas étranger dans celui de Marseille. J'ai quitté mon diocèse avec le consentement de mon archevêque et j'ai été reçu à Marseille avec les démonstrations de joie les plus vives.

« Pendant 19 mois environ j'ai exercé dans le petit séminaire les fonctions les plus honorables. En quittant cette maison, je me suis décidé pour des raisons de santé, de m'établir à Marseille, avec l'agrément des grands vicaires d'Aix, qui ne m'auraient pas *réclamé,* sans les instances de M. Bichéron, et qui ont adhéré aux observations que je leur ai faites.

« Cela étant, je ne suis pas étranger, Monseigneur, dans votre diocèse ; et vous ne pouvez être dispensé de me dire les raisons qui vous portent à me retirer l'autorisation de célébrer. (1)

« Il est facheux que vous *n'ayez pas approfondi davantage* la question qui me concerne ; si vous aviez daigné le faire, vous auriez peut-être connu la vérité, rendu justice à qui le mérite, et l'Eglise de Marseille ne serait pas affligée d'un scandale dont je suis innocent.

« Prenez-y garde, Monseigneur, quelques personnes, qui, je le sais bien, fréquentent l'évêché, sèment dans le public des bruits étranges ; je ne reculerai devant aucune difficulté, fallut-il consumer le peu de forces qui me restent ; car l'honneur sacerdotal m'est plus cher que la vie. Je vous supplie, Monseigneur, et au besoin je requiers de Votre Grandeur, pour mettre fin à tous ces scandales, de m'accorder l'autorisation de célébrer ou de me donner connaissance par écrit du crime dont je suis coupable.

« Ne me forcez pas à déchirer moi-même le voile ; soyez assuré que j'emploierai tous les moyens qui sont en mon pouvoir pour venger la vérité ; je ne redoute pas la lumière ; je ne crains que les jugements ténébreux et les décisions prises pour *des raisons qu'il n'est pas nécessaire de dire.*

« J'ai l'honneur d'être, etc.

« JONJON. »

Cette lettre demeura sans réponse ; je me trompe ; on chargea l'abbé Olive, alors vicaire à St-Martin, un de mes anciens condisciples des Jésuites, de me déshonorer ; il avait assisté à la fin de la fameuse séance ; on lui rédigea

---

(1) La prétendue faute pour laquelle on me châtiait, ayant été commise à Marseille, d'après l'évêché, c'était donc l'évêque de Marseille, qui était mon juge canonique.

une lettre qu'il n'a fait que signer ; aussi dans nos dernières relations, qui ont été aussi intimes qu'auparavant, il n'a jamais été question de ce triste incident et j'ai été un de ses plus chaleureux défenseurs dans la pénible affaire qui a abrégé ses jours.

SÉMAPHORE DU 23 MAI

« Si, en relevant les actes arbitraires de l'évêché de Marseille, nous n'étions mus que par l'esprit de parti, nous pourrions ne pas publier la lettre de M. l'abbé Olive, comme la *Gazette du Midi* s'abstint de rendre publique celle de M. Reynier, recteur de St-Louis, lorsque nous soutînmes les droits de ce prêtre, contre les prétentions exagérées de l'évêché.

« Mais des sentiments plus élevés nous animent et nous ne croyons pas devoir refuser à ceux que nous attaquons ni à ceux qui se déclarent leurs champions, la publicité qu'ils réclament. Nous nous permettrons de répondre à leurs allégations. (1).

« Monsieur le Rédacteur,

« Je me trouvais *présent dans l'appartement* de Mgr l'évêque d'Icosie, lorsque la scène que vous racontez dans votre numéro du 13 mai, eut lieu entre ce prélat et un professeur du petit séminaire ; j'ai voulu laisser à ce dernier le soin de relever les inexactitudes de votre récit, et je me suis tu jusqu'aujourd'hui ; mais ayant appris que M. J*** ne voulait rien dire, je crois de mon devoir de rétablir les faits.

« Mgr l'évêque d'Icosie *allait sortir avec moi de sa*

---

(1) Je fus complètement étranger à ce préambule de la lettre comme aux commentaires qui la suivent.

chambre, pour monter avec moi en voiture, au moment où M. J*** s'introduisit *sans se faire annoncer.* Monseigneur lui dit en propres termes : *Je vous demande en grâce de me dispenser de vous écouter ; ce n'est pas ma faute si vous ne pouvez pas vous entendre avec votre supérieur.* Et comme M. J*** insistait avec une sorte de violence, Mgr d'Icosie lui dit de s'adresser à *Mgr l'évêque de Marseille,* ajoutant que pour lui il allait sortir.

« Dès lors M. J*** déclara qu'il ne se retirerait pas et qu'il ne céderait qu'à la violence ; il était dans un état d'agitation extraordinaire. Le bruit qu'il faisait attira Mgr l'évêque de Marseille, qui l'engagea en vain à se retirer et qui lui dit quelque chose de plus que ce mot : Sortez, le seul qu'on se plaise à lui attribuer dans votre récit.

« Enfin je dois dire que Mgr l'évêque d'Icosie était fort loin d'écumer de rage et de fureur, *qu'il montra au contraire une grande modération,* qu'il n'a point appelé au secours, ni crié à l'assassin, qu'il n'a point ordonné à son domestique de porter la main sur M. J***, que ce domestique, venu sur l'ordre de Mgr l'évêque de Marseille, *n'a pas touché* M. J***, mais qu'il s'est contenté de lui dire : *puisqu'on vous prie de sortir, pourquoi, Monsieur, ne sortez-vous pas ?* ce que *je lui avais moi-même conseillé,* en m'étonnant de sa résistance.

« Voilà, Monsieur, *la vérité,* que j'aime d'autant plus à faire connaître, que j'appris à cette occasion que le prélat attaqué dans votre article et *qui se montre en toute circonstance* l'ami et le père de tous les bons prêtres, avait donné peu de jours auparavant une audience d'une heure à M. J*** et qu'il avait obtenu *de notre vénérable évêque* que ce professeur resterait au petit séminaire, s'il *pouvait s'entendre* avec le supérieur de cet établissement.

« Veuillez, Monsieur, publier cette lettre, et agréer l'assurance de ma considération distinguée.

« OLIVE,
« Prêtre, Vicaire de St-Martin. »

« C'est un spectacle douloureux de voir avec quelle audace l'évêché fait mentir les prêtres et avec quelle docilité ceux-ci se prêtent à ces impostures. Nous ne voulons faire aucune réflexion sur la position actuelle de M. Olive vis-à-vis de l'évêché ; mais nous maintenons le récit que nous avons fait de l'attentat commis sur un prêtre dans la chambre de Mgr d'Icosie, dans tous ses détails. Seulement nous ajouterons quelques circonstances que nous avions oubliées. Le domestique de Mgr d'Icosie, après avoir dit une seconde fois au professeur : *sortez, vous dis-je,* ajouta : *car si vous ne passez par la porte, je vous fais passer par la fenêtre.*

« Mgr d'Icosie était présent, lorsque son domestique parlait ainsi au professeur, et il l'excitait du geste et de la voix. Telles sont les formes judiciaires de Mgr d'Icosie. Ce n'est pas tout. Des hommes en rapport avec l'évêché répandaient contre le professeur une de ces calomnies qui ne viennent jamais à l'esprit des honnêtes gens. Ses confrères du petit séminaire et les élèves de cette maison ont rendu publiquement témoignage aux vertus de M. l'abbé Jonjon. Eh bien ! trois professeurs ont été chassés, un élève a éprouvé le même sort, un autre a été emprisonné. Les menaces, les cachots et les expulsions ont été employées pour punir ce témoignage rendu à la vérité.

« M. l'abbé Olive qui a suivi d'autres errements, rétablit les faits. Tous les marseillais se souviennent que l'évêché a fait imprimer dans la *Gazette du Midi* que M. l'abbé Franc avait donné sa démission volontaire de la rectorerie des Grands-Carmes. Nos lecteurs et les habitants de St-Louis savent que l'évêché avait nié dans la *Gazette du Midi* que l'église de St-Louis eût été interdite. Il est peu de personnes qui aient eu quelques rapports avec l'évêché sans l'avoir surpris en flagrant délit de mensonge.

« Nous nous arrêterons là pour aujourd'hui.

« Bientôt nous examinerons si M. Bicheron est supérieur du petit séminaire, et nous présenterons quelques observations générales sur la fausse position de plusieurs ecclésiastiques de notre diocèse.

« Il faut enfin arrêter l'administration épiscopale dans sa marche illégale et injuste. »

La *Gazette du Midi* inséra la lettre de l'abbé Olive, en la faisant précéder et suivre des réflexions suivantes :

« M. l'abbé Olive nous adresse copie de la lettre écrite par lui au rédacteur du *Sémaphore*. Témoin des faits si odieusement dénaturés par ce journal, il lui appartenait de dire la vérité. »

« Monsieur,

« (Je me trouvais présent dans l'appartement, etc.) »

« Nous n'ajouterons aucune réflexion à cette lettre ; car l'expérience nous a trop bien appris qu'on peut être juste aujourd'hui avec tout le monde, excepté toutefois avec ceux qui sont revêtus de l'autorité légitime. Autrefois on eut trouvé tout simple qu'un professeur qui ne pouvait s'accorder avec son supérieur immédiat, fût remercié de ses services ; on eut compris mieux encore qu'un évêque, après avoir essayé les moyens de conciliation, eut laissé les choses suivre leur cours naturel, et l'on n'aurait pas eu assez de blâme pour l'homme qui aurait voulu, en quelque sorte, s'imposer de vive force, et faire une scène dans un palais épiscopal. Il paraît qu'on a changé tout cela. »

Voilà ce que la *Gazette* appelle *n'ajouter aucune réflexion* ; elle *trouve tout simple* de rejeter le témoignage de la victime et de présenter comme irrécusable celui d'un prêtre qui n'a assisté qu'au dénoûment du drame, dont la position dépendante est de nature à affaiblir la certitude de son récit et qui ne fait dans cette circonstance qu'une personne morale avec l'évêque.

Mgr Rey, évêque de Dijon, n'était-il pas *revêtu de l'autorité légitime ?* On lira au n° 5 du chapitre 5, les appréciations de la *Gazette* sur l'administration de ce prélat ; elle n'y va pas de main morte pour la flageller impitoyablement et encourager le clergé de ce diocèse dans son hostilité ; mais Mgr Rey était un *Philippiste* et Mgr de Mazenod, actionnaire de la *Gazette*, était un *Carliste* ou était encore regardé comme tel ; ainsi ce qui était *juste* à Dijon, ne l'était pas à Marseille.

Autrefois, comme aujourd'hui, un professeur n'était pas un domestique *qu'on remercie de ses services* en lui donnant ses huit jours, lorsqu'il plaît au maître de le congédier, surtout lorsque pour attirer ce professeur, on lui a fait renoncer à une position honorable et qu'on a pris une sorte d'engagement avec lui. *Autrefois,* comme aujourd'hui, un évêque aurait entendu les deux parties et *n'aurait pas laissé les choses suivre leur cours naturel,* c'est-à-dire, n'aurait pas sacrifié le subalterne au caprice de son supérieur immédiat et l'on aurait certainement pris parti en faveur d'un homme qui aurait été jugé et condamné, sans avoir été entendu, et l'on n'aurait pas eu assez de blâme pour un supérieur surtout ecclésiastique, qui par un déni formel de justice aurait été la première cause du scandale.

Ainsi, rédacteur de la *Gazette,* qui que vous soyez, rien n'est changé ; le fait matériel est ici une iniquité flagrante ; les circonstances qui l'ont accompagné, très-étranges sans doute, ont été provoquées évidemment par l'évêque ; *autrefois,* d'après les principes invariables de la morale, la responsabilité du scandale aurait pesé sur sa tête, comme elle doit peser aujourd'hui.

La lettre du malheureux abbé Olive et les insinuations perfides de la *Gazette* m'imposèrent l'obligation rigoureuse de sortir du mutisme auquel par prudence je m'étais condamné ; il m'en coûta beaucoup d'entrer dans une polémique publique qui devait avoir, je le prévoyais, de très-graves suites, et un grand retentissement ; pour faire un contraste, selon les expressions de M. Feissat, *avec les fureurs de l'évêché*, je m'efforçai de prendre le ton le plus modeste, au risque de passer pour un bonhomme, aux yeux de tous ceux qui devaient s'attendre de ma part à un langage décidé et énergique.

Voici donc ma réponse, telle que j'en trouve une copie dans mes papiers :

« *Marseille, le 23 Mai 1835.*

« Monsieur le Rédacteur,

« Vous avez inséré dans votre numéro d'hier, une lettre à laquelle je dois une prompte réponse.

« Quelque répugnance que j'éprouve à employer la voie des journaux, que je n'ai jamais reconnu comme juges des affaires ecclésiastiques, M. l'abbé Olive me force de rompre enfin le silence : je déclare à tous les fidèles de la ville de Marseille que je suis innocent de tout ce scandale, que j'ai été complètement étranger à la rédaction des articles qui ont paru ces jours derniers dans le *Sémaphore*, et que je n'y ai coopéré en aucune manière.

« C'est avec douleur que je me vois obligé de revenir sur cette déplorable affaire : la lettre de M. l'abbé Olive m'en fait un devoir. Je répondrai à cette lettre avec d'autant plus de calme et de simplicité, que je n'ai que des faits à constater et la vérité à défendre. M. l'abbé Olive a entrepris de *rétablir les faits*. Je confesse hautement qu'il a été malheureux dans son entreprise ; car je dois m'inscrire en faux contre la plupart de ses assertions.

« Il est faux d'abord que Mgr l'évêque d'Icosie m'ait tenu un langage doux et mielleux. A peine m'eut-il aperçu, qu'il se dirigea en toute hâte vers la porte, en me faisant signe de partir, et me répétant plusieurs fois qu'il ne pouvait m'entendre.

« M. l'abbé Olive prétend que j'ai insisté avec *une sorte de violence;* le correctif a été nécessaire sans doute pour faire passer une expression si étrange. Je n'ai employé d'autre violence que celle d'une contenance ferme et d'un langage énergique, dicté par la pureté de ma conscience.

« M. l'abbé Olive était assurément préoccupé lorsqu'il écrit que *j'étais dans un état d'agitation extraordinaire.* On conçoit que cette remarque était nécessaire pour justifier l'emploi de la *force armée* dont on m'a menacé. Ceci n'a pas besoin d'autres commentaires.

« J'ignore si Mgr d'Icosie écumait de *rage et de fureur,* mais je sais qu'il ne déploya pas une *grande modération,* puisqu'il me prit lui-même par le bras pour me faire sortir.

« M. l'abbé Olive devait être considérablement distrait, tandis qu'il était témoin de cette scène ; car je suis obligé de dire, pour venger la vérité, que le domestique de Monseigneur me dit expressément avec une rudesse que je n'ose qualifier : « *C'est moi, Monsieur, qui vous com-* « *mande de sortir.* » Et à l'instant je reçus un coup sur l'épaule gauche. Tout cela se passait en présence de Mgr d'Icosie et de M. l'abbé Olive.

« Il est vrai que Mgr d'Icosie m'avait donné non pas *peu de jours,* mais environ trois semaines auparavant une assez longue audience. Il fut satisfait de mes explications et je lui en sus gré. J'ai été de nouveau accusé, ne devais-je pas de nouveau être entendu ?

« Vous n'êtes pas obligé, Monsieur le Rédacteur, de me connaître, ni de savoir tout ce qui se passe au petit séminaire ; ce ne sera pas moi qui vous imposerai cette obligation ; mais dans le cas où vous continueriez à admettre dans vos colonnes des insinuations contre moi, vous me forceriez peut-être à déchirer le voile et je ne serais responsable ni devant Dieu ni devant les hommes du nouveau scandale qui affligerait l'Eglise de Marseille.

« Je suis, avec une parfaite considération,

« Votre très-humble serviteur,

« Jonjon, Prêtre. »

A toutes les faussetés ou inexactitudes que j'ai signalées dans ma lettre, j'ajoute, ce que j'ai déjà souligné, que M. l'abbé Olive n'était pas présent dans l'appartement de Monseigneur ; que par conséquent Monseigneur n'allait pas sortir avec lui de sa chambre ; que M. Olive n'étant pas présent au début de la séance, il n'a pas pu affirmer que je m'étais introduit sans me faire annoncer, ni entendre les belles paroles que M. l'abbé Jeancard, vrai auteur de la lettre, met dans la bouche de Monseigneur ; que les paroles qu'on prête au domestique ne sont pas exactes et qu'enfin soutenir que Mgr d'Icosie se montrait en toute circonstance l'ami et le père de tous les bons prêtres, c'était une adulation mensongère qui dut faire hausser les épaules à tout le clergé marseillais, témoin des vexations dont la plupart des curés de Marseille, appartenant tous à l'ancien clergé, avaient été ou étaient encore victimes, de la part du neveu de l'évêque.

Dirai-je que la *Gazette du Midi* refusa d'insérer dans ses colonnes ma réponse, et n'imita point la loyauté du *Sémaphore* qui avait inséré celle de l'abbé Olive? Cela paraîtra peut-être surprenant à ceux qui ignorent que, Mgr de Mazenod étant un des actionnaires de cette feuille, elle devait naturellement, sinon en conscience, faire de nos débats une querelle en quelque sorte personnelle.

III

OBSERVATIONS THÉOLOGIQUES OU CANONIQUES

Je reviens maintenant sur les erreurs théologiques ou canoniques qui sont échappées aux divers acteurs du drame que je viens d'exposer.

1° Comme je l'ai déjà fait observer, on avait tort de me considérer comme un étranger ; mon honneur et mes intérêts se trouvant en jeu, l'évêché de Marseille n'avait pas le droit de me congédier brusquement du petit séminaire et de me retirer l'autorisation de célébrer *pour des raisons qu'il n'était pas nécessaire de me dire.*

2° Ce refus, d'après l'aveu de M. l'abbé Jeancard, n'était pas une censure ; c'était une simple défense, une sorte de mesure de police, que l'évêque crut devoir employer dans la persuasion où il était que j'étais l'auteur ou le coopérateur des écrits dont il avait à se plaindre.

3° Si Mgr l'évêque avait eu la pensée de m'infliger une vraie suspense, c'eût été une sentence *ex informatâ conscientiâ,* qui, d'après les usages reçus, dispense des formalités judiciaires, qu'on peut alors ne pas observer, sans encourir les pénalités auxquelles faisait allusion l'abbé Martin ; ces pénalités au reste ne regardent que les juges qui ne sont pas revêtus du caractère épiscopal ; Nosseigneurs les évêques peuvent donc violer impunément les lois de l'Eglise, quoique, disent les Canonistes, ils ne soient pas exempts de péché mortel ; ils ne sont donc *ipso facto* responsables que devant Dieu. Les sentences *ex informatâ conscientiâ* ne doivent se prononcer que secrètement et pour des péchés occultes ; or par un abus étrange de pouvoir, elles sont toujours publiques en France, pour toute sorte de fautes, et l'on ne peut en appeler qu'à Rome. En attendant l'accusé est interdit, déshonoré, réduit quelquefois à la misère, etc.

Je me suis longuement étendu ailleurs sur cette pratique vraiment déplorable, surtout lorsqu'on prétend que l'appel n'est pas suspensif, c'est-à-dire, qu'avant toute procédure, on commence par tuer l'accusé, sauf à le juger plus tard.

IV

INCIDENTS DU PETIT SÉMINAIRE

Pendant que tout ce que je viens d'exposer, se passait en ville, d'autres incidents non moins remarquables avaient lieu au petit séminaire.

A peine fus-je parti, le 6 mai, que le plus grand désordre régna dans la maison ; les classes furent en quelque sorte suspendues ; l'arbitraire notoire dont on avait usé à mon égard, avait brisé le nerf de la discipline ; on ne priait plus ; on ne jouait même plus ; les récréations se passaient à tenir des conversations animées ; à l'église, on ne voulait plus chanter ; il y a encore au moment où je fais ce récit, de nombreux témoins qui pourraient en certifier la vérité, quelque exagéré qu'il paraisse.

Le mécontentement des élèves était partagé par tous les professeurs, sans en excepter un seul ; mais la plupart ayant des ménagements à garder, concentrèrent en eux-mêmes leurs sentiments et gardèrent la neutralité. Cependant trois d'entre eux ne se crurent pas obligés à tant de réserve et pensèrent qu'il était de leur devoir de justifier ma conduite et d'expliquer en même temps la mesure qui avait été prise à mon égard.

Ces trois professeurs étaient M. l'abbé Vidal, professeur de physique, M. l'abbé Blanc, professeur de seconde et M. l'abbé Bargès, professeur de quatrième. Je n'avais jamais eu avec le premier de grandes relations ; il était un de ceux qui l'année précédente avaient contesté mon autorité de directeur des classes ; le second avait été nommé professeur de rhétorique à ma place et était devenu le confident de l'abbé Bicheron ; quant au troisième, il n'existait entre lui et moi aucune sorte d'intimité. Depuis mon départ je n'avais plus revu ces trois professeurs ; on ne pouvait donc en aucune manière me rendre complice de la résolution un peu hardie qu'ils prirent, j'en conviens, de se mêler au mouvement en le dirigeant et de livrer à la publicité leur manifestation. Leur zèle, comme ils devaient s'y attendre, fut suivi d'une destitution immédiate.

Après leur départ, une protestation fut rédigée dans la Maison au nom des élèves qui furent représentés par 51 signatures ; on peut les lire à la suite du texte original. Le nombre de ces signatures eût été plus considérable, si la position délicate de ceux qui étaient revêtus de l'habit ecclésiastique, ne les eût empêchés de me donner ce témoignage d'estime et d'affection (1).

Ce projet de protestation fut accompli avec tant d'habileté et de promptitude que déjà cette pièce était au bureau du *Sémaphore*, lorsque M. Bicheron, qui était en quelque sorte isolé dans la maison, en eut connaissance. Le jeune Amalric, un de mes bons et affectueux élèves de l'année précédente, qui avait porté lui-même dans les classes la protestation pour obtenir des signatures, fut

---

(1) Mes élèves de rhétorique, la plupart ecclésiastiques, n'ont pas signé ; cependant l'un deux vient de rappeler à mon souvenir (ce que j'avais oublié), qu'ils avaient fait une pétition, en leur propre nom, à Mgr l'évêque, et que cette démarche, faite à l'insu de M. Bicheron, faillit les compromettre.

enfermé dans un appartement, condamné à y passer une nuit et un jour, au pain et à l'eau, jusqu'à l'arrivée de son père, qui avait été prévenu de son expulsion. On remarqua que la chambre qui servit de cachot à ce trop ardent jeune homme, n'était pas munie d'un *objet indispensable. (Intelligenti pauca).* La vengeance de M. l'abbé Bicheron n'entrait pas dans ces détails humiliants ; elle planait dans une atmosphère plus pure et plus relevée.

Voici les deux écrits dont il est question :

« Personne mieux que les prêtres qui sont chargés des diverses fonctions du petit séminaire, ne peut apprécier le caractère de l'ancien professeur de rhétorique de cette maison. Témoins des belles qualités dont il est doué, ils regardent comme un devoir pour eux de détruire certaines impressions fâcheuses qu'a produites dans l'esprit de quelques personnes l'insertion dans votre journal d'un article qui le concerne. Les jugements portés sur son compte ont été différents ; l'édification des fidèles nous impose l'obligation de donner à ce sujet une explication satisfaisante. M. l'abbé Jonjon la donnerait lui-même s'il n'était résolu de demeurer complètement étranger à cette affaire. Nous déclarons donc consciencieusement *qu'en aucune manière*, il n'a contribué à l'article qui vous a été confié. Un prêtre d'une vertu aussi éprouvée que notre ancien professeur de rhétorique, est incapable de se laisser emporter à aucun esprit de vengeance. Respectant toujours l'autorité à laquelle il est soumis par le sacerdoce, il a pu s'affliger, sans murmurer, des mesures dont on l'a frappé. Il a regardé comme un malheur pour lui de ne pouvoir obtenir à cet égard des éclaircissements qui l'eussent satisfait ; mais tout ce qu'il a pu saisir, c'est que l'âme la mieux faite n'est pas toujours comprise, qu'alors il n'y a plus d'accord possible, et que ces malentendus entraînent souvent le sacrifice d'une ou de plusieurs personnes. Voilà à peu près ce qu'on lui a indiqué. Il a communiqué à des amis de cœur les causes de son chagrin. Sans doute on ne refusera pas à un prêtre le droit de chercher dans l'amitié du soulagement à ses peines. Un entraînement d'affection généreuse a porté peut-être quelqu'un de ceux qui avaient reçu ses communications, à placer dans vos colonnes le récit d'un fait qui a eu quelque retentissement. L'affliction de M. Jonjon, depuis ce moment, est de nature à faire comprendre que ses vertus ne se démentent jamais, et que, comme tous les bons prêtres, il saura toujours édifier les chrétiens qui font de la soumission leur premier devoir.

« Des personnes d'un jugement précipité ont fait à ce sujet des réflexions peu mesurées dont elles auraient à se repentir amèrement, si, le connaissant d'aussi près que nous, elles savaient un jour quelle est l'estime que mérite un aussi bon ecclésiastique.

« Il n'est pas un professeur dans le petit Séminaire qui ne soit prêt à s'unir à nous pour appuyer le témoignage que nous rendons en faveur de M. l'abbé Jonjon.

« Signé :

« *des Prêtres professeurs du petit Séminaire.* »

« Les élèves du petit Séminaire éprouvent, en voyant s'éloigner d'eux M. l'abbé Jonjon, le besoin de lui offrir un témoignage public de leur reconnaissance et du respect que leur inspirera toujours le souvenir de ses éminentes qualités. Ils n'ont appris son départ qu'avec l'impression d'une douleur profondément sentie ; mais leur âge et l'esprit qui les anime, les obligent, pour être fidèles aux exemples et aux enseignements de cet ancien Directeur, à ne point s'établir juges des motifs d'administration temporelle qui ont déterminé son éloignement. Il a été suivi de trois autres professeurs également chéris et considérés de la Maison entière. Les fonctions spéciales que M. l'abbé Jonjon avait jointes, dans un temps, à son titre de professeur, ont établi entre lui et les élèves des rapports plus directs qui ont mieux fait connaître le mérite de ce respectable ecclésiastique. Il serait assez difficile de distinguer celui d'entre eux qui a une plus haute idée de la bonté de son cœur, de l'élévation de son âme, de ses vertus angéliques, de sa foi vraiment sacerdotale unie à la simplicité des mœurs les plus aimables et aux charmes d'une piété aussi édifiante et sincère que ses talents sont admirables. En lui se résument toutes les idées qu'on leur a données, jusqu'à ce jour, d'un excellent prêtre. Le souvenir d'un tel maître vivra longtemps dans la mémoire des élèves du petit Séminaire.

« *(Suivent les signatures*
« *des principaux Élèves.)* » (1).

L'évêché fut consterné de cette nouvelle levée de boucliers, qui tendait à compromettre l'existence de son petit

---

(1) Je m'abstiens de donner les noms des signataires, quoique je les aie ; après environ un demi-siècle, j'ai à regretter la mort de plusieurs d'entre eux, qui ne sont plus là pour confirmer leur signature ; et n'ayant conservé des relations intimes qu'avec un petit nombre des survivants, je croirais manquer de prudence en livrant à la publicité les noms de ceux dont j'ignore les sentiments actuels.

Ces deux témoignages, rédigés par des amis qui ignoraient ou ne connaissaient que vaguement ce qui s'était passé à l'évêché, sont beaucoup trop flatteurs, et je conviens aujourd'hui qu'ils pouvaient me nuire dans l'opinion publique plutôt que de m'être utiles ; cependant ils ne me furent pas défavorables, en ce sens que ceux-là mêmes qui avaient condamné d'abord ma conduite à l'évêché, comprirent qu'elle avait une sorte de raison d'être dans mes antécédents mis en face des procédés dont on avait usé à mon égard.

Séminaire. Comprend-on en effet ce que pouvait devenir une Maison d'éducation privée subitement de quatre professeurs des hautes classes, avec un supérieur détesté généralement et qui venait de perdre, par un excès notoire de pouvoir, toute influence sur le personnel de la Maison ? On décida d'abord de détruire la mauvaise impression que devaient produire naturellement sur le public marseillais les deux écrits qui venaient de paraître dans le *Sémaphore* ; il fallait d'abord prouver et publier que la majorité des professeurs avait été contraire ou au moins étrangère à la manifestation de leurs confrères et qu'on avait imposé l'autre à la signature de quelques élèves par séduction ou tout autre moyen coupable. Quoique ce projet ne me fût pas directement hostile, il était cependant de nature à me porter tort, en donnant un mauvais vernis aux moyens qu'on avait employés pour me justifier. Or tout cela entrait dans les vues de l'évêché.

M. l'abbé Jeancard, l'exécuteur des hautes-œuvres, homme de plume et d'action, arriva au petit Séminaire avec un manuscrit, dont il fit la lecture avec commentaires aux professeurs qui restaient, réunis dans le cabinet de M. Bicheron, et leur proposa de le signer ; M. l'abbé St-Rôme, directeur spirituel de la Maison, prêtre pieux et grave, qui a été plus tard supérieur, refusa de le faire, parce que, dit-il, n'ayant pas signé le premier écrit, il ne devait pas signer le second et qu'il voulait rester neutre dans cette querelle ; les abbés Chirac, Demandolx et autres se sentant soutenus par l'exemple d'un homme qui faisait autorité dans la Maison, refusèrent également ; un seul crut devoir se distinguer et apposer sa signature à ce fameux écrit dont je n'ai jamais su le contenu ; ce fut M. l'abbé Félix, mon ancien curé de St-Chamas, avec lequel j'avais eu des relations étroites, lorsque nous étions voisins, lui à Arles et moi à St-Remy, que j'avais choisi pour mon confesseur, au début de l'année classique et qui m'avait adopté pour le sien, à qui j'avais prêté un matelas de mon lit, pendant une maladie assez grave dont il fut atteint au mois de novembre dernier ; oui, M. l'abbé Félix qui aurait pu avec un peu de zèle et moins d'égoïsme profiter de sa familiarité avec M. Bicheron, pour le calmer et lui inspirer des sentiments plus équitables et plus humains ; M. l'abbé Félix, dis-je, oubliant l'avis de l'Esprit-Saint : *Mandavit unicuique de proximo suo*, et ne se préoccupant que du principe réflexe : *In dubio standum est pro superiore*, ne rougit pas de noircir le papier qui devait me diffamer au moins indirectement, des cinq lettres de son nom.

Une seule signature ne faisait pas l'affaire de l'évêché ; livrer cette circonstance à la publicité, c'etait évidemment ajouter à la honte de M. Bicheron et à ma gloire ; c'était vérifier en ma faveur ce passage de l'Evangile : *Salutem ex inimicis nostris et de manu omnium qui oderunt nos.* Aussi M. l'abbé Jeancard, plein de dépit et ne pouvant dissimuler sa colère, reprit son papier, qu'il froissa entre les mains, et ouvrant la fenêtre, le jeta dans la basse-cour de la cuisine ; tous ces détails m'ont été donnés par un professeur, témoin oculaire et auriculaire, un des acteurs de cette scène ; on les trouvera intégralement exposés dans le Mémoire qui fut imprimé en 1837.

Il fallait cependant songer à combler les lacunes que venait de faire le départ des quatre professeurs ; on fit venir quelques ecclésiastiques du grand Séminaire d'Aix, parmi lesquels se trouvait M. l'abbé Daime ; mais pour remplacer M. Bicheron, qui ne pouvait plus paraître dans la Maison et qu'on ne voulait pas cependant congédier, afin de ne pas nous donner gain de cause, on jeta les yeux sur un ancien membre de la Congrégation du Sacré-Cœur, M. l'abbé Desnoyers, dont le caractère affable et conciliant contribua à calmer l'agitation qui s'était produite à la suite de mon départ.

« Oh ! que cette quinzaine me pèse, » avait dit M. Bicheron à l'oreille de M. Blanc, lorsqu'il attendait la lettre de M. Gal, qui devait me nommer curé à Rognac ; il avait bien raison d'avoir un noir pressentiment ; cependant ni lui ni moi nous ne pouvions prévoir cette tempête; jusqu'alors son plan de renvoyer, au milieu de l'année, les professeurs dont il voulait se défaire, lui avait réussi ; pour la première fois il trouva une résistance, qui nous brisa tous les deux, j'en conviens, mais avec des résultats différents, puisque à partir de ce moment, (c'est un fait historique) à tort ou à raison la renommée de mon mince mérite s'est accrue, et celle qu'il s'était acquise, (puis-je dire encore) à tort ou à raison, diminua insensiblement.

CHAPITRE IV

Suites de l'Année classique 1834-1835

> Le sort en est jeté : sans boussole et sans voiles
> Je m'apprête à voguer sous un ciel sans étoiles !

I

MES RELATIONS AVEC L'ÉVÊCHÉ DE MARSEILLE
ET AVEC LES VICAIRES GÉNÉRAUX CAPITULAIRES D'AIX·

Cependant les prêtres qu'on avait congédiés du petit Séminaire, surtout l'abbé Vidal et l'abbé Blanc, ne restaient pas oisifs ; ils me faisaient de fréquentes visites, soit pour nous consoler mutuellement de notre commune disgrâce, soit pour me communiquer le dessein qu'ils avaient conçu de fonder un pensionnat, espérant avec raison qu'il nous serait facile d'avoir un bon noyau parmi les élèves mécontents du petit Séminaire ; mais ils ne pensaient pas que la chose fût faisable, si je ne leur prêtais pas mon concours, au moins comme professeur externe.

Je déclare franchement que ce projet avait été et était encore loin de ma pensée ; l'idée de profiter de mon influence sur les élèves pour les attirer, les séduire et les entraîner sur mes pas, n'a jamais germé dans ma tête ; naturellement timide, lorsque rien ne m'excitait, et n'ayant aucune sorte d'expérience pour les affaires administratives et économiques, j'étais très-disposé à jouer un second rôle, plutôt que de m'aventurer dans le premier. D'ailleurs la perspective des dangers de tout genre qu'un tel projet allait provoquer, entre autres celui de compromettre mes ressources pécuniaires et par conséquent la sécurité de mes parents, avec des associés qui ne paraissaient pas avoir de grandes avances ; de plus la situation morale et religieuse de trois ou quatre prêtres sans autorisation de célébrer, qui allait prêter le flanc à mille bruits plus ou moins odieux ; enfin les conseils de plusieurs de mes amis qui me faisaient entrevoir avec une sorte de certitude ce qui à mes yeux n'était que probable ; tous ces motifs et d'autres encore dont le principal était ma santé qui réclamait du repos physique et de la tranquillité d'esprit, me détournaient d'entrer complétement dans les vues de ces Messieurs; je ne leur promis donc qu'un concours indirect, auquel même évidemment j'aurais renoncé, si l'évêché avait daigné me tendre la main et ne m'avait pas forcé en quelque sorte à regimber, en continuant à me fouetter sans pitié.

Mme de Montézan m'avait confié son fils Benoit; M. Autran, dont le fils aîné devait épouser Caroline de Montézan, m'avait promis son plus jeune fils, qui était resté au petit Séminaire.

Mon but principal était donc de vivre tranquille et obscurément, en suivant mon penchant légitime, qui était de me livrer à l'étude et d'augmenter la somme très-incomplète de mes connaissances, tout en donnant des leçons à quelques élèves ; mais il fallait absolument régulariser ma situation, vis-à-vis de l'autorité ecclésiastique. Sans entrer dans de longs détails, j'écrivis à MM. les vicaires généraux capitulaires d'Aix, qui, après la mort de Mgr Raillon, administraient le diocèse, pour leur demander l'autorisation de prolonger mon séjour à Marseille; ce que j'obtins aisément, grâce au crédit dont jouissait mon ami intime, l'abbé Sibour, secrétaire général. On traitait alors à l'archevêché la grosse affaire de M. l'abbé Jonquier; ce qui explique pourquoi on ne répondit que le 22 juin à ma lettre du 9, dont je n'ai pas conservé la copie.

ARCHEVÊCHÉ D'AIX
—

« *Aix, le 22 Juin 1835.*

« A M. JONJON, prêtre du diocèse d'Aix.

« Monsieur,

« Les vicaires généraux capitulaires ont reçu la lettre que vous leur avez écrite le 9 juin présent mois, pour en obtenir le renouvellement de l'autorisation qui vous avait été accordée de demeurer à Marseille; je suis chargé par mes collègues de vous répondre qu'ils accèdent à vos vœux, et que vous pourrez rester à Marseille tout le temps que vos affaires l'exigeront.

« BOULARD,
« Vicaire général capitulaire. »

Muni de cette pièce, j'adressai le 24 juin la lettre suivante à Mgr l'Evêque de Marseille, quoiqu'il ne fût qu'une ombre dans l'administration :

« Monseigneur,

« J'ai l'honneur d'informer Votre Grandeur, que j'ai reçu de M. Boulard, vicaire général capitulaire d'Aix, une lettre dans laquelle il m'annonce au nom de tous les vicaires généraux, que je suis autorisé à demeurer à Marseille tout le temps que mes affaires l'exigeront.

« Mes parents ayant fixé leur domicile dans cette ville, je ne puis faire autrement que de les y suivre. Je vous prie donc, Monseigneur, de mettre un terme à l'épreuve à laquelle vous m'avez soumis il y aura bientôt deux mois. Vous avez décidé que j'avais besoin, pour célébrer, d'une autorisation spéciale, parce que j'étais étranger ; aujourd'hui je redeviens légalement habitant de Marseille et par conséquent votre sujet. D'autre part je persiste à protester de mon innocence ; veuillez bien, Monseigneur, m'accorder cette autorisation si nécessaire au salut de mon âme ; je ne refuse pas de donner des explications, si vous en demandez ; car, encore une fois, je ne crains pas que la lumière pénètre dans mes actes.

« Agréez, etc.

« JONJON. »

Cette lettre n'arriva pas à son adresse ; Mgr Charles Fortuné était trop sincèrement pieux et naturellement bon pour ne pas être touché d'un langage qui constatait mon droit avec tant de simplicité et de calme, après tout ce qui s'était passé ; je conclus avec raison qu'il ne l'avait pas lue, puisqu'on ne me fit aucune réponse. C'est alors, je crois, qu'il faut placer la supplique suivante au Pape, que j'ai trouvée dans mes papiers et dont j'avais perdu complétement le souvenir : certaines expressions un peu violentes s'expliquent par l'indignation bien légitime que dut m'inspirer le dédain persévérant de l'évêché à mon égard.

« Beatissime Pater,

« Ego infra scriptus, sacerdos diœcesis aquensis, duobus ab hinc annis in diœcesi Massiliensi commoror ; et in hac, annuente meo archiepiscopo, et D.D. de Mazenod comprobantibus, munera studiorum rectoris et rhetorices professoris in parvo seminario adimplevi ; nunc ad pedes vestræ sanctitatis provolutus, justitiam efflagito ab illo cui datum est pascere et regere oves et Pastores.

« Longœvâ œtate debilitatus episcopus Massiliensis, totam suo nepoti commisit auctoritatem, invitis ferè universo sacerdotum conventu fideliumque grege ; hic, non dico, gubernat, sed disturbat totam Massiliensem Ecclesiam, cujus rei innumera possunt afferri testimonia. Ego ipse, humillimus vestræ sanctitutis servus, testis adsto, et victima illius sœvi regiminis.

« Apud ipsius tribunal falsò accusatus inobedientiœ crimine, inauditus condemnatus sum, atque suspensus ab omni jurisdictione sacramentali.

« Ante illius conspectum honeste et Comiter comparui ; sed januam sui cubiculi mihi superbè ostendit, omnemque defensam et quamlibet apologiam audire pertinaciter recusavit ; imò, Sanctissime Pater, mihi armatos homines minatus est, nisi ex cubiculo ejus protinùs exirem. Taudem ejus famulus, illo sciente, vidente et imperante, me percussit ; cujus violentiœ testem presbyterum nomine *Olive* adhibebo, si opus sit.

« Si episcopus Icosiensis me haberet ut peccatorem, quare exemplum Domini Nostri J.-C. cujus crucem super vestimentum gerit, non sit secutus ? Si è contra justum me existimaret, quomodo de tam stupendo agendi modo se purgare possit, nescio.

« Postquam ad pedes J.-C. hanc ignominiam deposui, ut peccata mea redimam, debui ad tribunal vestræ sanctitatis meam injuriam referre quæ redundat in omnem clerum, cujusque impunitate mihi multisque aliis dignitas sacerdotalis videretur commaculari.

« Vestræ tamen Beatitudini me totum committo, et quidquid judicaverit aut egerit etiam contra me, æquè feram.

« Massiliæ die   mensis Junii 1835.

« JONJON. »

C'est à Grégoire XVI que cette supplique fut adressée ; le Saint-Père en a-t-il eu connaissance ? je l'ignore. Il est plus que probable que l'influence de Mgr de Mazenod, qui était certainement supérieure à la mienne, a dû en paralyser les effets, si ma voix a pu se faire entendre. Quoi qu'il en soit le silence se fit au delà des monts comme en deça. Les griefs s'accumulaient et commençaient à peser lourdement dans un des plateaux de la balance ; de quelque côté que je me tournasse, aucune main charitable ne se tendait vers moi ; l'espérance même m'était enlevée par ce silence glacial avec lequel on accueillait mes suppliques ; j'allais donc glisser presque fatalement vers la pente rapide que mes supérieurs eux-mêmes formaient devant moi en s'obstinant dans leur dureté. Aussi je ne puis dissimuler que j'avais de la peine à digérer les dernières lignes de ma supplique.

Vers la fin du mois de juin ou au commencement de juillet, j'écrivis encore deux lettres dont j'ai trouvé les copies ; l'une est adressée à l'Evêque de Marseille, qui, j'en étais convaincu, ne connaissait mon affaire que très-imparfaitement, et l'autre aux grands vicaires capitulaires d'Aix à qui il m'importait de la faire connaître aussi exactement que possible.

« **A Monseigneur l'Evêque de Marseille.**

« Monseigneur,

« J'ai adressé, il y a quelques semaines, au Souverain Pontife, une Supplique, dans laquelle je me plains d'un outrage commis sur ma personne par le domestique de Mgr d'Icosie ; cette violation de la dignité sacerdotale exigeant une réparation, je crois qu'il est de mon devoir de donner à Votre Grandeur quelques renseignements exacts sur cette déplorable affaire.

« Prêtre originaire du diocèse d'Aix, j'y exerçais les fonctions de vicaire, lorsque le supérieur du petit Séminaire de Marseille m'engagea à quitter mon diocèse et à accepter une place de professeur dans cet établissement ; je suivis ce conseil ; je vins à Marseille avec l'autorisation de l'Archevêque d'Aix, qui me laissa partir avec beaucoup de répugnance. Je fus reçu par Votre Grandeur et tous ses vicaires généraux avec les plus grandes démonstrations de joie. (Je pourrais au besoin présenter des témoins et des écrits pour confirmer ce que j'avance).

« Pendant environ dix-huit mois, j'ai exercé dans votre petit Séminaire, d'abord simultanément les fonctions de professeur de troisième et celles de directeur des études, et ensuite celles de professeur de rhétorique ; je déclare, comme si j'allais paraître devant Dieu, que je crois avoir rempli fidèlement tous mes devoirs et être bien loin d'avoir mérité les mauvais traitements que j'essuie depuis deux mois.

« Le Supérieur jaloux sans doute de l'influence que j'avais dans la Maison, avait employé, pour me faire partir brusquement, des moyens qui me paraîtraient impossibles, si je n'en étais pas victime. Mais les explications que je donnai à Mgr d'Icosie suffirent pour triompher de la ruse et du mensonge, et je pus continuer mes fonctions ; même après cette tentative, un vicaire général me permit d'entrer dans l'intérieur d'un couvent de religieuses cloîtrées, et d'y donner des leçons de littérature et d'histoire aux religieuses elles-mêmes ; faveur spéciale, qui peut être considérée comme un vrai certificat de la régularité de ma conduite (1).

---

(1) M. l'abbé Carentène, mon ancien professeur de quatrième, était alors aumônier des Dames de la Visitation, dont l'établissement a été remplacé plus tard par la gare du chemin de fer ; c'est cet excellent prêtre et sincère ami qui avait obtenu pour moi une faveur dont il ne jouissait pas lui-même.

« Cependant quelques semaines après, M. le Supérieur est revenu à la charge et a obtenu ma sortie de la Maison : j'ai demandé respectueusement à Mgr d'Icosie une seconde audience, pour lui donner des explications ; il n'a pas voulu m'entendre, malgré toutes mes protestations d'innocence ; et comme j'ai insisté à ne pas sortir du palais, sans avoir fait entendre ma justification, le Prélat lui-même m'a pris par le bras pour me faire sortir ; le domestique qu'il a appelé à son aide, m'a jeté à la figure des paroles grossières et menaçantes et enfin m'a donné un coup sur l'épaule gauche en me poussant vers la porte.

« J'ai pris à témoin de cette violence un prêtre qui était présent à cette scène, et qui, cédant sans doute à une influence irrésistible, vient de déclarer dans un écrit public qu'il n'a pas vu ce qu'il a vu ni entendu ce qu'il a entendu. Les journaux s'étant emparé d'un fait qui est devenu d'une notoriété publique, on a voulu me rendre responsable des différents articles qui ont paru, quoique je n'y ai coopéré en aucune manière.

« Des personnes qui fréquentent l'évêché ont répandu, pour me nuire, une calomnie infâme ; on m'a retiré non-seulement le pouvoir de confesser, mais encore l'autorisation de célébrer la Sainte-Messe. On me traite comme un étranger, quoique j'aie exercé dans la ville de Marseille des fonctions très-honorables pendant dix-huit mois et que j'aie fait connaître les graves motifs qui me déterminent à établir mon domicile à Marseille. J'ai respecté jusqu'à ce jour toutes les décisions qu'un malheureux aveuglement a inspirées. Cependant faudra-t-il que je sois privé éternellement de la participation aux Sacrements ? A-t-on le droit de me refuser l'autorisation de célébrer, *pour des raisons qu'il n'est pas nécessaire de dire et parce qu'on n'a pas davantage approfondi mon affaire ?* Ce sont, Monseigneur, les propres expressions dont s'est servi M. le secrétaire dans la lettre au bas de laquelle on lit la signature de Votre Grandeur. Suis-je donc réduit, pour obtenir justice, à invoquer le secours des lois canoniques et en appeler au Métropolitain de tous ces actes arbitraires ?

« Je souhaite sincèrement pour le repos de mon âme et pour la paix du diocèse, que Mgr d'Icosie revienne à des sentiments plus équitables et m'accorde, non des faveurs ni des priviléges, mais seulement l'autorisation de célébrer ; *le soin de mon honneur*, selon le langage de l'Esprit-Saint, et le salut de mon âme, me font également un devoir impérieux de réclamer cette faculté.

« Tels sont, Monseigneur, les faits, très-probablement mal exposés à Votre Grandeur, que j'ai cru devoir soumettre à son jugement ; je m'en rapporte d'avance à sa décision ; je la conjure d'être bien persuadée qu'aucun sentiment d'animosité, dans mon langage et dans mes actes, ne m'anime et que je ne suis inspiré que par le désir de venger l'honneur sacerdotal, qui a été violé dans ma personne.

« Daignez, etc.

« Jonjon. »

Il est bien entendu que cette lettre, comme les précédentes, demeura sans réponse et qu'à parler franchement, je ne devais pas en attendre. C'était de ma part une très-grande illusion de jeune homme d'espérer qu'un supésieur, même ecclésiastique, s'humilie au point d'avouer sa faute et de reculer, à moins qu'il n'y soit forcé par une autorité supérieure ou par des circonstances impérieuses auxquelles on ne peut résister, sans se suicider ; le moment n'était pas encore venu où le pot de terre pouvait se mesurer sans trop de risques avec le pot de fer.

Voici maintenant ma lettre aux grands vicaires capitulaires d'Aix ; on y remarquera des répétitions ; mais en écrivant à des personnes différentes, il fallait bien revenir sur les mêmes faits.

« Messieurs les Vicaires généraux,

« Il y aura bientôt deux ans que, mécontent du service des paroisses, je demandai à Mgr l'Archevêque l'autorisation de m'établir à Marseille au petit Séminaire ; elle me fut accordée avec beaucoup de répugnance, comme vous le savez, d'après plusieurs lettres qui me furent alors adressées *officiellement* de la part de feu Mgr Raillon ; je fus reçu à Marseille avec de grandes démonstrations de joie, ce qui pourrait au besoin être certifié par des témoins oculaires.

« Pendant dix-huit mois j'ai exercé au petit Séminaire les fonctions les plus honorables ; et je crois pouvoir sans témérité défier qui que ce soit de mes accusateurs de signaler dans ma conduite la moindre irrégularité, encore moins de la prouver par des faits et des témoignages.

« Mgr d'Icosie qui m'honora d'une audience, aux premiers jours d'avril, fut tellement satisfait de mes explications, qu'une semaine après M. Flayol, vicaire général, m'autorisa à entrer dans l'intérieur d'un couvent de religieuses, pour leur enseigner les belles-lettres ; privilége dont la concession prouve évidemment que l'administration ecclésiastique était satisfaite de ma conduite.

« Cependant M. Bicheron continuait à me tendre des piéges, pour me trouver en faute et avoir lieu d'intenter une nouvelle accusation. Il ne lui a pas été difficile de réussir ; car j'avoue mon impuissance à me défendre contre la ruse. J'ai été sur le champ expulsé du petit Séminaire avec une violence sans exemple. Les journaux s'étant emparés à mon insu et à mon grand déplaisir, de cette affaire, on a voulu me faire un crime de cette manifestation, dont je ne suis nullement responsable. Aussi m'a-t-on retiré l'autorisation de célébrer la Ste-Messe, ce qui produit pour moi tous les effets d'un interdit. Trois ou quatre lettres que j'ai adressées à Mgr l'Evêque pour lui demander justice contre l'arbitraire de son administration, n'ont été honorées d'aucune réponse.

« Que devais-je faire dans cette pénible situation ? Après tant de désappointements et de froissements que j'ai éprouvés dans le service des paroisses, je n'avais plus le courage de m'y engager de nouveau. D'autre part je ne pouvais me retirer à St-Chamas, puisque mes parents avaient établi leur domicile à Marseille ; le parti le plus sage et le seul qui me restait à embrasser, était de demeurer dans cette ville au sein de ma famille et d'y employer mes loisirs à des occupations honnêtes.

« Je vous remercie infiniment, MM. les Vicaires généraux, de m'avoir autorisé à suivre cette dernière résolution ; j'ai cru devoir en donner connaissance à Mgr l'Evêque de Marseille, afin qu'il apprît que j'étais de nouveau légalement habitant de Marseille et par conséquent son sujet ; je lui ai donc demandé, pour le salut de mon âme, la révocation de la mesure qui a été prise contre moi et que je ne puis attribuer qu'à la colère de certains membres de son administration. Mais cette notification n'a pas été plus heureuse que mes premières lettres.

« Cependant je ne puis ni ne dois rester plus longtemps dans cet état de perplexité ; ce serait une prévarication que d'être indifférent sur la privation de célébrer le Saint-Sacrifice. Quoique pêcheur aux yeux de Dieu, je ne crois pas être assez criminel pour que je doive renoncer indéfiniment à cette faculté. Vous avez déclaré, Messieurs les Vicaires généraux, dans l'arrêt prononcé sur l'affaire du Curé des Aygalades, qu'on ne pouvait en appeler qu'au Métropolitain, en personne, des actes de la juridiction grâcieuse. Mais la présence du Métropolitain peut se faire encore attendre longtemps.

« D'ailleurs la permission de célébrer me paraît devoir être considérée plutôt comme un droit attaché au caractère sacerdotal, que comme une grâce de l'Evêque ; aussi le prêtre ne devrait-il en être privé extra-judiciairement que pour de graves motifs et pour un temps très-limité. Quel est en effet le diocèse de France ou du monde catholique où l'on se permette de retirer avec tant de légèreté l'autorisation de célébrer et de jeter ainsi la déconsidération sur la personne d'un prêtre qui peut dans cet état être assimilé à un vagabond ? (1).

« Je vous conjure donc, MM. les Vicaires généraux, de venir à mon secours, parce que je suis opprimé ; daignez m'éclairer de vos conseils et me continuer votre bienveillante protection ; je ne refuse pas de comparaître devant votre tribunal, s'il le faut ; ou plutôt je désire aujourd'hui plus que jamais et j'exige même pour mon honneur, que la lumière pénètre dans tous mes actes.

« Je vous demande en outre, MM. les Vicaires généraux, un *Celebret* pour tout le diocèse d'Aix ; je puis avoir des rapports avec beaucoup de prêtres de mon diocèse ; mes affaires privées m'appelleront souvent à St-Chamas ; je suis dans le cas de voyager dans les diocèses étrangers ; ce *Celebret* m'est donc indispensable pour ne pas être traité comme un homme sans aveu. Je l'attends au plus tôt de votre bienveillante équité.

« Daignez, etc.

« JONJON. »

Les Vicaires généraux capitulaires n'étaient pas des hommes supérieurs ; mais en temps ordinaire ils n'étaient pas au-dessous de leur haute position. Ils étaient généralement aimés et estimés, parce qu'on ne remarquait dans leur administration, à part quelques cas de favoritisme, ni taquinerie, ni entêtement, ni méchanceté, ni vengeance. Excepté M. Abel, avec lequel je n'avais jamais eu des relations intimes et qui ne me connaissait que depuis notre correspondance des Cadeneaux, je puis affirmer que tous les autres m'étaient sincèrement dévoués, comme je

---

(1) C'est ce qui malheureusement n'arrive que trop souvent.

l'ai prouvé plus haut. Mais malheureusement M. Abel était le seul qui fût capable, sinon de sa propre nature, mais par boutade et originalité, de déployer un peu d'énergie et prendre l'initiative ; il venait de le prouver dans l'affaire de M. Jonquier. Ainsi celui qui aurait pu me défendre, ne le voulut pas ; et ses collègues qui, je n'en doute pas, l'auraient voulu, cédèrent d'abord à leur pusillanimité ; puis, comme il arrive quelquefois dans les âmes faibles, dépourvues de caractère, mais honnêtes, un changement subit, que j'attribue à l'influence de mon ami Sibour, en fit en quelque sorte d'autres hommes ; ainsi dans l'espace de quelques jours ou peut-être même de quelques heures, l'autorisation que je demandais, fut d'abord refusée et immédiatement après accordée ; on en jugera par les deux pièces qui se trouvent au n° 5 de l'*Appendice* et qui constatent ces variations, fort peu honorables, il faut en convenir, pour une administration sérieuse.

M. l'abbé Cavalier, qui m'avait remplacé aux Cadeneaux, sachant que je me proposais d'aller dire la messe chez lui, consulta MM. les Vicaires généraux, sans me prévenir, pour savoir s'il pouvait m'y autoriser ; comme je n'étais réellement interdit ni dans le diocèse de Marseille ni encore moins dans le diocèse d'Aix, et qu'on n'avait promulgué aucune défense contre moi dans ce dernier, il est certain que ceux qui me connaissaient de près pouvaient en sûreté de conscience me laisser dire la messe chez eux ; ce fut donc une imprudence puérile de la part de M. le curé du St-Esprit à Aix (1), et de celle de M. le curé des Cadeneaux spécialement, de consulter sur ce point les grands Vicaires et de chercher à les éveiller, lorsqu'ils ne demandaient pas mieux, je le sais, qu'on les laissât endormis ; mais ce ne sera pas la seule fois que

---

(1) L'abbé Chambarel.

M. l'abbé Cavalier me compromettra. M. l'abbé Chabaud, mon ancien collègue de Salon et de St-Rémy, était alors curé de Septèmes ; c'était un vrai ami et il l'a toujours été jusqu'à sa mort. Voici la lettre qu'il m'écrivit pour me faire part des ordres ou recommandations qu'avait reçus son voisin :

« *Septèmes, 7 Juillet 1835.*

« Mon très-cher Ami,

« Je n'ai pu me procurer une copie de la lettre en question ; mais aujourd'hui étant allé aux Cadeneaux, je l'ai lue et relue et la voici telle que ma mémoire me la rappelle :

« Monsieur le Curé. — Je réponds à votre lettre dans
« laquelle vous me demandez si vous pouvez laisser dire
« la messe à l'abbé Jonjon ; le *Conseil* a été d'avis que vu
« les circonstances actuelles de ce qui se passe à Mar-
« seille, vous ne pouvez pas lui permettre de la dire ni
« aucun autre prêtre du diocèse. J'ai l'honneur d'être, etc. »

« Voilà la lettre, en voici l'occasion : Lorsque le curé du St-Esprit sut que vous aviez dit la messe dans sa paroisse, il alla trouver les grands vicaires pour leur demander s'ils étaient d'avis que vous pussiez dire la messe dans le diocèse d'Aix. Le Conseil s'assembla, délibéra, et décida, dit-on, que vu les circonstances actuelles de votre position à Marseille, il ne leur convenait pas de vous laisser dire la messe dans ce diocèse. *C'est du juste milieu renforcé !!*

« C'est là, mon très-cher ami, tout ce que j'ai pu savoir d'intéressant pour vous. Je ne vous en invite pas moins à venir passer avec moi la fête de Ste-Anne, le 26 courant, jour de dimanche ; si vous ne dites pas la messe, au moins vous me ferez diacre, vous entendrez une nouvelle messe en musique et officierez à vêpres.

« D'ailleurs ce petit voyage fera, ce me semble, une agréable diversion à vos contradictions et à vos sérieuses occupations.

« J'ai l'honneur d'être votre tout dévoué

« Chabaud. »

L'abbé Chabaud n'était pas un homme d'esprit ; mais il avait un jugement droit et joignait à une piété tendre et à une régularité de mœurs incontestable une grande franchise qui se rapprochait beaucoup de la mienne ; il fus donc avec raison choqué de la conduite évasive des grands Vicaires d'Aix ; système de bascule qui était alors celui du Gouvernement, qui consistait à osciller entre la droite et la gauche et qu'on avait baptisé du nom de *juste milieu*. La lettre suivante de l'abbé Sibour que je reçus le lendemain, est une démonstration très-sensible de ce défaut d'équilibre, constaté par l'abbé Chabaud.

ARCHEVÊCHÉ D'AIX

« 8 *Juillet 1835.*

« Mon cher Ami,

« Le Conseil Diocésain a délibéré sur la demande que tu faisais aux grands Vicaires d'un *Celebret* pour tout le diocèse d'Aix, et je suis chargé de te transmettre sa décision.

« Ces Messieurs ne s'opposent pas à ce que tu dises la messe dans tout le diocèse d'Aix ; ils t'accorderont pour cela toute permission *spéciale* que tu pourras souhaiter ; mais dans l'état de tes rapports avec l'administration diocésaine de Marseille, ils ne croient pas devoir accorder un *Celebret* général. Ils pensent que cette restriction leur est commandée par les égards qu'ils doivent à Mgr l'Evêque de Marseille. Il m'en coûte, mon ami, d'avoir à te communiquer cette décision que dans ta conscience de bon prêtre tu regarderas comme plus que sévère à ton égard. Je l'ai combattue, quand il le fallait, il ne me reste plus maintenant qu'à t'engager à t'y résigner. Au reste, il ne faut pas que je te laisse ignorer que ceux mêmes qui ont cru devoir rejeter ta demande, sont remplis pour toi d'un tendre intérêt. Mais ils croient que tu t'égares dans ta résistance aux volontés de l'Evêque de Marseille. Pleins de respect pour l'autorité épiscopale qui a eu tant à souffrir à Marseille dans les derniers temps, ils regrettent infiniment de te voir entraîné dans un parti qui semble décidé à la méconnaître entièrement. Il y a là des noms, mon ami, qui ne sont pas, à ce qu'il paraît, *aussi purs que le tien.* C'est peut-être un grand malheur qu'en t'associant à eux, tu leur prêtes une force qui sans toi leur manquerait. Et moi qui sait que tu ne te trouves là que par bonté, et qui sais en même temps que toutes les rigueurs qui t'atteignent depuis ta sortie du Séminaire, ne viennent que de cette liaison, je te plains au-delà de ce que je puis te le dire.

« Ce qui me console, c'est que ceux-là mêmes qui, soit à Aix soit à Marseille, te traitent dans tout ceci comme coupable, font cependant, je parle surtout de ceux de Marseille, *une très-grande différence* entre toi et les autres prêtres qui les inquiètent. Je sais qu'ils te recevront paternellement à la première démarche que tu feras vers eux ; j'ai su même de source certaine, que l'évêque d'Icosie avait été sur le point de t'écrire une lettre toute pleine de sentiments véritablement affectueux, pour opérer entre toi et l'administration diocésaine de Marseille une réconciliation, et qu'il n'a été détourné de son dessein que par la crainte d'échouer et de fournir alors une arme de plus contre eux.

« Mon cher ami, je te dis tout cela parce que j'aurais une bien grande envie de te voir enfin tranquille et heureux ; et je sais que ce bonheur, c'est dans la paix que tu le trouveras et non dans l'agitation et dans les luttes éternelles. Crois-moi, retire-toi pour quelque temps dans le sein de ta famille ; sépare ta cause de toute autre cause, et tu verras tous ceux que Dieu te donna pour chefs, revenir à toi comme tu les vois s'en éloigner maintenant. Pour moi, quelque part que tu te trouves, tant que tu voudras de mon attachement et de mon amitié, j'irai te les offrir. Adieu. Regarde ma lettre comme toute confidentielle.

« Je t'embrasse de tout mon cœur.

« SIBOUR. »

Il m'en coûte beaucoup de trouver quelque chose à redire dans une lettre si tendre, si affectueuse, si franchement amicale ; mais puis-je aussi ne pas éprouver quelque peine à entendre mes amis les plus sincères et les plus intimes me reprocher les fautes des autres, me rendre responsable de leurs injustices et déplacer constamment l'état de la question, quelques efforts que je fasse pour bien éclaircir la situation ? Il est incontestable que je n'ai jamais pris l'initiative de la lutte et que je n'ai fait que repousser les attaques ; et cependant je suis un brouillon, un caractère inquiet, et je ne me plais que dans les querelles et les agitations. — Dans tout ce que je viens de raconter et dans le langage de mes lettres trouve-t-on des symptômes évidents de toutes ces mauvaises dispositions ? Mais examinons la lettre de l'abbé Sibour, que je ne puis m'empêcher de relire après tant de temps avec respect et attendrissement. Pour abréger je ne mettrai que les premiers mots des phrases qui sont l'objet de mes observations.

1° *Ces Messieurs ne s'opposent pas, etc.* — Ils s'y opposent cependant dans la lettre à M. Cavalier.

2° *Ils t'accorderont toute permission spéciale..... Ils ne croient pas devoir t'accorder un Celebret général.* —

Voilà, selon les expresssions de l'abbé Chabaud, du juste milieu renforcé au suprême degré ! Ainsi toutes les fois que j'aurais eu une course à faire dans telle ou telle paroisse, on m'aurait donné un *Celebret* de quelques jours, qui ne m'aurait jamais été refusé et qui pourtant n'aurait pas été général. Il paraît que ces Messieurs finirent par comprendre que cette distinction était puérile, impraticable et absurde, puisque j'ai trouvé dans mes papiers ce *Celebret* général daté, je ne sais pourquoi, du 7 juillet, c'est-à-dire, de la veille du jour où l'abbé Sibour m'écrivait qu'on ne voulait pas me le donner. Or ce *Celebret*, qu'on le remarque bien, porte la signature de M. Abel, celui des vicaires généraux qui m'était le plus indifférent, pour ne pas dire hostile. (1).

3° *Ils croient que tu t'égares dans ta résistance, etc.* — Ah! nous y voilà ; déjà le projet de fonder un établissement avec trois autres prêtres avait transpiré ; or aux yeux, je ne dis pas de l'Evêque, mais de l'administration épiscopale, c'était un crime abominable d'oser faire de la concurrence au petit Séminaire ; partout ailleurs, à Lyon, à Paris, à Aix même, des ecclésiastiques ou seuls ou associés à des laïques, pouvaient se consacrer en sûreté de conscience et même avec l'agrément de l'autorité ecclésiastique, à l'éducation de la jeunesse ; à Marseille, seulement, c'est s'engager *dans un parti qui semble méconnaître le respect dû à l'Evêque.* (2).

4° *Il y a des noms qui ne sont pas si purs que le tien, etc.* — Cependant les Messieurs qui portaient ces noms, étaient conservés avec honneur au petit Séminaire, tandis

---

(1) J'ai trouvé de plus un *Celebret* spécial pour les Cadeneaux, daté du 24 juillet. (Voir le n° 5 de l'*Appendice*).

(2) L'abbé Sibour lui-même n'a-t-il pas été d'abord collaborateur et associé de Nicolas, mon compatriote, et plus tard aumônier de l'institution ?

que j'en étais chassé ignominieusement, et l'un d'eux qui devait me remplacer dans la chaire de rhétorique, était le confident de M. Bicheron.

5° *Tu leur prêtes une force qui sans toi leur manquerait, etc.* — On avait donc fini par comprendre à l'Evêché que j'avais été bon à quelque chose et que mon expulsion n'avait pas de motif légitime, puisque *toutes les rigueurs qui m'atteignaient depuis la sortie du Séminaire, ne venaient que de cette liaison.* Il est pourtant certain et historique que les rigueurs ont précédé cette liaison, qui n'a été que le résultat forcé de la persévérance des rigueurs.

6° *Je parle surtout de ceux de Marseille, etc.* — Comment se fait-il que les prêtres qui les inquiètent le plus en ce moment, étaient conservés au Séminaire, et qu'ils ne sont devenus *inquiétants* que depuis qu'ils ont pris la défense de celui qui inquiète le moins l'Evêché ?

7° *Je sais qu'ils te recevront paternellement, etc.* — Erreur ! Pourquoi ne répondaient-ils pas à mes lettres ? N'étaient-elles pas *des démarches vers eux* ?

8° *Je sais même de science certaine, etc.* — Non, cher ami, cela n'est pas vrai ; on t'a trompé ; est-ce qu'on désirait sincèrement une réconciliation, lorsque on ne répondait pas à mes lettres ou qu'on n'y répondait que pour me déclarer que j'eusse à quitter Marseille *pour des raisons qu'il n'était pas nécessaire de dire?*

9° *J'aurais une très-grande envie de te voir tranquille et heureux, etc.* — Et moi aussi, je le désire et je l'ai toujours désiré ; mais pourquoi ai-je toujours rencontré sur ma route des gens qui sont venus m'assaillir, lorsque je suivais la ligne droite ? Pourquoi toutes les pierres qui sont tombées du ciel m'ont atteint, sans toucher mes compagnons de voyage ?

10° *Sépare ta cause de toute autre, etc.* — Ainsi l'Evêché avait oublié *ma conduite intolérable au petit Séminaire, la séance scandaleuse de l'Evêché,* les articles du

Sémaphore; tout mon crime était mon projet d'association pour fonder un Pensionnat. Que je rentrasse dans le sein de ma famille pour quelque temps et tous ceux qui me tournaient le dos reviendraient à moi. Donc mon expulsion ignominieuse du petit Séminaire, encore une fois, était sans excuse ; et *l'ordre péremptoire de faire au plus tôt mes malles,* comment le qualifier ? Ceux qui l'avaient donné et ceux qui me l'avaient transmis étaient-ils des hommes pacifiques et paternels ? Que Dieu leur pardonne !!!

11° En relisant cette lettre en 1876 et dans les circonstances critiques où je me trouve, il me semble que mon ami Sibour, mort évêque de Tripoli, me fait entendre sa voix d'outre-tombe ; s'il était témoin de l'acharnement avec lequel deux évêques me poursuivent, il me dirait encore, je le sais : *Quelque part que tu te trouves, tant que tu voudras de mon attachement et de mon amitié, j'irai te les offrir.*

Quelques mois avant de mourir, en me voyant entrer dans sa chambre, il disait à la sœur de *l'Espérance* qui le soignait, lorsque une cruelle maladie lui avait presque enlevé l'usage de la parole : *Voilà mon meilleur ami !!!*

II

TROISIÈME INVASION DU CHOLÉRA

15 Juillet.

Pour la troisième fois le choléra faisait des victimes dès les premiers jours de juillet ; pour ne pas effrayer la population, on n'en parlait presque pas ; mais le nombre des cas et surtout de ceux qui étaient mortels, augmentant chaque jour, tous ceux qui avaient dans les villages voisins un logement convenable, commencèrent à déserter la ville ; la famille de Montézan ne fut pas la dernière à prendre cette résolution et alla s'établir dans sa maison de campagne de Château-Gombert ; je dus naturellement l'y suivre, puisque j'étais chargé de faire travailler Benoît et même de donner des leçons de français à Mlle Caroline, qui est devenue plus tard Mme de Lombardon. Mme de Montézan offrit l'hospitalité à ma mère, qui était alors à Marseille, ainsi qu'à toute la famille Garcin ; on établit des lits comme on put, même dans tous les salons et pendant environ deux mois, cette excellente dame, qui n'était pas prodigue, mais qui avait un cœur excellent et aimait beaucoup sa famille, logea et nourrit à ses frais de 15 à 20 personnes.

Il n'entre pas dans mon plan de décrire les ravages de ce troisième choléra ; quoique j'habitasse la campagne, je savais tout ce qui se passait à la ville, soit par les récits des membres de la famille Garcin, qui y allaient tous les jours pour leurs affaires, soit parce que de temps en temps je m'y rendais moi-même pour me rendre compte des progrès du fléau. Ainsi je me souviens d'avoir parcouru un jour toute la rue Paradis, ne rencontrant sur mes pas que deux ou trois personnes ; à la rue Vacon, j'ai vu jeter les cadavres par la fenêtre dans les tombereaux qui passaient ; on n'a jamais su le nombre de ceux qui sont morts pendant les derniers jours de juillet ; des familles entières disparaissaient dans les vingt-quatre heures ; on ne prenait plus la peine ni de porter les morts à l'Eglise ni de les faire enregistrer.

Qu'avais-je à faire dans la position que l'Evêché m'avait créée ? J'étais comme un soldat qui, sans armes et n'appartenant à aucun corps de troupe, assiste, sans pouvoir y prendre part, à une bataille. Je voulus pourtant n'avoir aucun reproche à me faire et bien prouver que ce n'était pas la crainte du danger qui me retenait à la campagne, loin des atteintes de l'épidémie. Je me décidai à écrire à l'Evêché la lettre suivante, dont je trouve une copie sans date dans mes papiers.

« Monseigneur,

« Depuis environ un mois, j'habite le quartier de Château-Gombert, où j'ai suivi Mme de Montézan, qui m'a confié son fils, après ma sortie du Séminaire. C'est là que je viens d'apprendre tout ce qui se passe à Marseille. Je sais où doit m'appeler, dans ce danger public, mon caractère de prêtre.

« Au mois de mars dernier j'offris mes services à l'aumônier de l'hospice et au curé de St-Cannat ; aujourd'hui je les offre à Votre Grandeur, puisqu'elle seule peut me rendre utile. Mais je ne puis lui dissimuler que je n'attends aucun bon résultat de ma démarche. Je connais malheureusement de fort près quelques-uns de ses conseillers ordinaires et je ne pense pas qu'ils aient renoncé à leur malveillance.

« Que Dieu les éclaire et leur pardonne ; quoique grand pécheur devant Dieu, j'ose dire que je suis innocent devant la justice humaine ; et je protesterai toute ma vie contre les rigueurs que me fait subir depuis quatre mois l'administration ecclésiastique de Marseille.

« Daignez, etc.

« JONJON. »

Ceux qui, après avoir lu la lettre de l'abbé Sibour, liront aussi celle que je viens de transcrire, ne douteront pas que Mgr d'Icosie n'ait mis immédiatement à exécution son dessein de m'adresser *une lettre pleine de sentiments affectueux*. Eh bien ! ils se tromperont ; Mgr d'Icosie ne répondit pas plus à cette lettre qu'aux autres ; il était absent, c'est vrai ; mais ceux qui gouvernaient à sa place, n'avaient pas d'autres sentiments que les siens ; on continua donc à me laisser sans autorisation de célébrer à Château-Gombert, comme je l'avais été à Marseille ; il paraît que l'offrande de ma vie que je leur faisais spontanément, ne fut pas jugée suffisante pour mériter l'accueil *paternel* que m'annonçait l'abbé Sibour.

Si quelques mots seulement de cette lettre ont pu froisser quelques membres du Conseil, on devait m'en demander la rétractation, que je n'aurais pas refusée et passer l'éponge sur ce léger défaut de forme, en considération de tout le reste, qui était irréprochable, et des circonstances actuelles.

Hélas ! comme mon excellent et généreux ami se faisait illusion sur les bonnes intentions de ces Messieurs !!! Je m'en rends compte aisément, par les conférences qu'il venait d'avoir avec l'abbé Jeancard, pour l'affaire du curé Jonquier ; l'homme de l'Evêché n'eut pas beaucoup de peine pour faire entendre à l'abbé Sibour ce qu'il voulut et pour me montrer à lui à travers le prisme de ses préjugés haineux (1). Cependant on a dû remarquer qu'il ne réussit pas à m'enlever l'amitié sincère et l'affectueux dévoûment de mon ancien camarade.

III

PRÉPARATIFS DU PENSIONNAT MENPENTI

Pendant ce temps-là que faisaient mes futurs collaborateurs ? Ils étaient en effet parvenus, avant même que le

---

(1) Qu'avais-je donc fait à cet homme, pour être ainsi l'objectif persistant de sa haîne ?

choléra éclatât, à obtenir mon adhésion complète à leur projet ; comme je l'ai déjà fait observer, le dédain persévérant de l'Evêché avait été pour moi la goutte d'eau qui fait verser le verre ; on aurait dit que Mgr d'Icosie et l'abbé Jeancard, que je ne sépare pas, avaient conspiré avec MM. Vidal et Blanc, et s'étaient mis d'accord avec eux pour m'entraîner dans un parti pour lequel j'avais eu d'abord, je ne crains pas de le redire, une si grande répugnance.

Mes collaborateurs (puisqu'il faut donc les appeler de ce nom) s'étaient mis en quête d'un local, hors la ville, qui pût contenir au moins de 50 à 60 élèves ; nos prétentions ne s'élevaient pas plus haut ; après avoir bien cherché, ils finirent par trouver sur la grande route de Toulon, au quartier du Rouet, au couchant de la Capelette, une maison de campagne, qui, vue du chemin, paraissait un vrai château ; elle avait en effet une façade majestueuse, qui se déployait en forme d'éventail, en pierres de taille, et était surmontée d'une balustrade assez élégante, également en pierre ; il y avait au milieu une porte qui avait aussi des allures châtelaines ; mais on ne l'ouvrait presque jamais. En dépassant ce mur colossal, à droite ou à gauche, on se trouvait simplement en face d'une bastide, avec deux salons et une cuisine au rez-de-chaussée, deux chambres à coucher au 1er étage et quelques mansardes au 2me.

Lorsqu'on m'y conduisit, je fus à la première vue enchanté de l'originalité de cette maison. Je demandai au fermier comment on l'appelait : « la Belle Bastide, » me répondit-il. « Bah ! répliquai-je, elle doit avoir un autre nom ; cherchez bien dans vos souvenirs ; » il avait en effet de 65 à 70 ans. « Ah ! reprit-il, c'est vrai, on l'appelait autrefois le *Château Menpenti*. Voici pourquoi : l'ancien propriétaire, après avoir ainsi entassé pierres sur pierres et dépensé beaucoup d'argent, pour faire une construction ridicule, ne cessait de dire à ses voisins qui

le critiquaient : *m'en penti*, c'est-à-dire, *je m'en repens.* »
« A la bonne heure, m'écriai-je, voilà un nom qui, tout sinistre qu'il est, ne laisse pas que de me sourire ; va pour le Château Menpenti, (sans apostrophe). Ici nous ferons l'établissement Menpenti. » Et mes collaborateurs d'applaudir.

Mais nous étions évidemment trop à l'étroit ; l'habitation que j'appellerai désormais *Château*, nous donnait une cuisine, une salle à manger pour nous, un réfectoire pour les élèves, un salon de réception, un économat, un cabinet de physique avec les appartements de M. Vidal et une lingerie. Mais où trouver des appartements pour les classes, les salles d'étude et les chambres des autres directeurs ? Le propriétaire actuel ou plutôt l'associé ou le représentant des propriétaires, commençait alors sur la route même, (nous étions dans les premiers jours d'août,) des constructions sans avoir un but bien déterminé ; nous lui dressâmes un plan conforme à notre dessein ; nous convînmes du prix et il mit tout de suite la main à l'œuvre pour nous satisfaire, après avoir exigé, bien entendu, notre triple signature. Ce fut un jour néfaste pour moi et je ne m'en doutais pas le moins du monde ; nous signâmes cette convention de 3.800 fr. de loyer avec une étourderie inouïe, dont je devais plus tard subir les ruineux résultats. Ce qui m'excusa, ce fut mon inexpérience dans les affaires, et la confiance que m'inspirait la prétendue habileté de M. l'abbé Blanc, que je croyais en effet grand connaisseur des affaires civiles ; avec 3.800 fr. à cette époque, comme me l'a souvent répété mon ami M. Robert, un des premiers courtiers de ce temps, nous aurions eu un palais. Ce fut donc une excellente affaire pour M. Chanteduc, l'homme en question ou plutôt pour la Compagnie et un affreux début pour nous. Mais le sort en était jeté *(alea jacta erat)*. Nous avions signé ; c'était fini. MM. Vidal et Blanc s'installèrent au Château avec quelques élèves, et moi je retournai à Château-Gombert.

C'est pendant le mois d'août que je rédigeai notre premier prospectus et le règlement de notre institution dont on peut lire les détails à l'*Appendice* n° 2 de la 2me partie.

Mais avant d'exposer les circonstances de notre installation et les divers incidents qui signalèrent l'année classique 1835-36, il me paraît convenable de donner un aperçu de certains faits qui, quoique étrangers à mon histoire, s'y rattachent néanmoins, comme il sera facile de s'en convaincre.

CHAPITRE V

Affaires Jonquier et Rey

I

APPRÉCIATION DU « SÉMAPHORE »

M. l'abbé Jonquier, curé de première classe des Aygalades, et par conséquent inamovible, accusé de je ne sais quel délit, mais très-certainement antipathique à l'Evêché, parce que, comme la plupart des anciens curés de cette époque, il avait conservé une indépendance raisonnable, en face des mesures vexatoires de Mgr d'Icosie, M. l'abbé Jonquier, dis-je, était depuis quelque temps sous le coup des censures épiscopales. Il demandait des juges ; on faisait la sourde oreille ; on lui donna même un vicaire qui, sous le nom de pro-curé, administrait la paroisse, et, comme un vrai satellite, ne servait que trop par l'originalité de son caractère et la brusquerie de ses procédés, les ordres arbitraires de ses chefs ; ce prêtre fut récompensé de ce servilisme par sa nomination à la cure titulaire de Mazargues, lorsque son honteux ministère fut accompli. J'ajoute à sa décharge qu'il a réparé dignement dans son nouveau poste ses faiblesses antérieures.

M. l'abbé Jonquier, fatigué de toutes ces vexations interminables, après avoir demandé inutilement justice devant l'officialité de Marseille, en appela à l'officialité métropolitaine d'Aix. Voici en quels termes le *Sémaphore* du 16 juin parle de cette affaire :

« *16 Juin 1835.*

« Une affaire qui doit beaucoup intéresser le clergé, se plaidera mercredi 17 du courant devant l'officialité métropolitaine. L'Evêque de Marseille a lancé des censures contre M. le curé des Aygalades. Celui-ci est intimement convaincu que ces censures sont nulles et injustes ; mais l'Evêché de Marseille ne reconnaît aucune autorité au-dessus de lui, il juge en dernier ressort ; tout ce qui s'oppose à ses volontés et à ses caprices, est impie, hérétique ou tout au moins schismatique. M. Jonquier sait que, d'après les lois de l'Eglise et de l'Etat, l'autorité métropolitaine est juge, en cas d'appel, de toutes les décisions et sentences émanées des évêques suffragants ; mais il connaît aussi le despotisme de l'administration ecclésiastique de Marseille, et tout de suite il a interjeté appel devant le Conseil d'Etat, pour arriver légalement devant le Métropolitain ; ce qu'il avait prévu, est arrivé. M. le Garde des Sceaux, ministre des Cultes, lui a répondu par l'organe de M. Vaïsse, préfet par intérim des Bouches-du-Rhône, qu'il devait d'abord se présenter devant le Métropolitain, et que le recours au Conseil d'Etat ne lui serait ouvert, qu'après la sentence métropolitaine, s'il croyait devoir l'attaquer.

« Dès que cette réponse lui est parvenue, M. le curé des Aygalades a interjeté appel devant l'officialité métropolitaine, l'archevêché d'Aix étant vacant ; mercredi dernier, ce tribunal canonique et légal s'est déclaré compétent, s'est saisi de l'appel de M. Jonquier, et a décidé que les débats contradictoires s'ouvriraient publiquement le 15 du courant, à 10 heures du matin, et que l'Evêque de Marseille et M. Jonquier seraient assignés pour le jour et l'heure fixés.

« L'évêque d'Icosie, après avoir parlé avec sa fatuité ordinaire de cette affaire, s'est éloigné de Marseille. Cet éloignement suppose qu'il a donné des ordres acerbes, qui seront exécutés en son absence.

« Quoi qu'il en soit, M. Jonquier et l'Evêque de Marseille se trouveront en présence mercredi prochain dans la personne de leurs représentants respectifs.

« Le tribunal jugera avec impartialité, nous l'espérons. »

L'affaire en effet fut plaidée : en voici le compte-rendu ou plutôt l'appréciation du *Sémaphore* :

« *27 Juin*.

« On nous écrit d'Aix, pour nous annoncer que l'officialité a prononcé son jugement dans l'affaire de M. Jonquier, curé des Aygalades. Voici quelques détails qu'on nous donne à ce sujet :

« L'officialité dont depuis 50 ans peut-être on n'avait vu d'audience, avait attiré aujourd'hui le jeune clergé d'Aix, venant là témoigner de ses sympathies pour ces formes protectrices, garanties par la publicité.

« Dans un mémoire, l'Evêché a décliné la compétence du tribunal, se fondant sur ce que l'acte dont se plaint le curé des Aygalades, émanant de sa juridiction volontaire et gracieuse, ce n'est qu'au Métropolitain à en connaître.

« M. Jonquier s'est fait représenter par M. Martin, vicaire à la paroisse de St-Charles. Ce prêtre, disciple de M. Lamennais, a quelque chose du regard de feu de son maître. Après un hommage aux effets sociaux de la révolution de 89, il a établi éloquemment que la censure déférée au tribunal procédait de la juridiction contentieuse et que l'officialité était compétente. Sa discussion a été savante et chaleureuse ; il s'est montré fort de logique et pur d'élocution.

« C'était au Promoteur de parler. Un jeune prêtre qu'on dit intelligent et instruit, se lève ; ici il n'a fait preuve que d'une grande retenue qu'on aurait pris pour de l'impuissance. Après le résumé de l'affaire, il a lu des conclusions qui ont étonné et que le tribunal cependant a sanctionnées. Il a requis que l'officialité se déclarât incompétente, parce que l'acte à elle déféré, émanait de la juridiction volontaire et qu'elle fixât un délai de 8 jours, pour que l'Evêché fît ses diligences judiciaires ; à défaut, les censures tomberaient.

« Comprenne ceci qui pourra ; un tribunal qui n'a pas le droit de connaître d'une affaire et la décide néanmoins, ne pourrait-on pas dire : absurde ?

« Les juges ont passé dans une salle à part pour délibérer, et l'assemblée a vu avec peine que le jeune Promoteur entrât aussi. Au reste cette observation n'est que dans l'intérêt des principes ; car ignorant les formes judiciaires, il a cru, membre du tribunal, devoir l'accompagner partout. »

Le jeune Promoteur, qui n'était autre que l'abbé Sibour, était réellement intelligent et instruit ; s'il fut, comme on l'affirme, inférieur à l'abbé Martin, dans cette circonstance, c'est qu'il défendait une mauvaise cause et que dans sa conviction, je le sais, il partageait, sinon l'entraînement, au moins la manière de penser de son adversaire ; comme lui, il avait été zélé partisan de Lamennais ; et, souvent à l'insu des vicaires généraux, en face desquels il se trouvait au secrétariat, il avait rédigé des articles pour le journal l'*Avenir*. Au reste les contradictions mêmes qu'on remarque dans les conclusions, sur lesquelles je donnerai bientôt des explications, indiquent suffisamment ses perplexités et ses tendances.

11

COMPTE-RENDU DE CE JUGEMENT
AVEC L'APPRÉCIATION DE LA « GAZETTE DU MIDI »

« On se plaît, depuis quelques jours, à entretenir le public de l'affaire de M. Jonquier, curé des Aygalades, avec Mgr l'Evêque de Marseille. Le *Sémaphore* a publié à cet égard un récit passablement embrouillé et qui a ouvert un vaste champ aux conjectures et aux interprétations. On répand le bruit que le curé a eu gain de cause contre son Evêque devant l'officialité métropolitaine, et ce prétendu triomphe est exploité sans ménagement. Il est donc nécessaire de rétablir la vérité, et pour cela il suffira de faire connaître les conclusions prises par M. l'abbé Jeancard pour Mgr l'Evêque, et de transcrire le jugement qui est intervenu.

« M. Jeancard a conclu à ce que l'officialité se déclarât incompétente, attendu qu'il était question d'actes émanés de la juridiction volontaire de Mgr l'Evêque de Marseille. Il a en même temps donné l'assurance positive que l'affaire au fond serait poursuivie devant l'officialité de Marseille dans le délai de quinzaine, ou que la suspense serait levée, si les poursuites n'avaient pas lieu avant l'expiration de ce délai. (L'affaire au fond n'avait encore été entamée nulle part. L'appel interjeté n'avait pour objet qu'un incident ou question préjudicielle.)

JUGEMENT :

« Nous Jean-Pierre Abel, vicaire général capitulaire du
« diocèse d'Aix, remplissant les fonctions d'official, le
« siége vacant ;

« Vu l'acte d'appel du sieur Jonquier, curé de la
« paroisse des Aygalades, diocèse de Marseille, en date
« du 1er juin 1835, par lequel il appelle devant l'officialité
« métropolitaine d'Aix :

« 1° De l'injonction qui lui a été faite de comparaître
« seul devant le conseil de l'Evêque de Marseille, après
« tout ce qui a été fait contre lui ;

« 2° D'une censure correctionnelle dont il a été frappé
« le 4 avril par l'Evêque de Marseille, consistant en une

« suspense de toutes fonctions curiales et sacerdotales
« pendant l'espace d'un mois ;

« 3° D'une autre suspense de toutes fonctions curiales
« et sacerdotales dont il a été frappé le 2 mai par l'Evê-
« que de Marseille, pour avoir, ladite suspense, son effet
« jusqu'à ce qu'il ait été statué par qui de droit sur toute
« son affaire ;

« Vu la requête du même sieur Jonquier à la même date
« du 1ᵉʳ juin 1835, par laquelle il demande :

« 1° Qu'il soit jugé qu'il a droit de se présenter assisté
« de deux défenseurs, quand il paraîtra devant son Evêque
« pour soutenir son procès (1) ;

« 2° Que l'Evêque de Marseille soit condamné à payer
« tous frais et dépens ;

« 3° Que dans le cas où l'Evêque de Marseille voudrait
« abandonner son procès, il fût condamné à rétracter par
« écrit ses deux lettres des 17 et 22 mars, et à les
« désavouer également par écrit dans l'enquête faite dans
« la paroisse des Aygalades le 23 mars.

« Vu la lettre de Mgr l'Evêque de Marseille, sous la
« date du 14 juin 1835, par laquelle il nous fait savoir
« qu'il a chargé l'abbé Jeancard, son secrétaire particu-
« lier, de suivre à Aix l'affaire de M. le curé Jonquier ;

« Vu toutes les pièces de la correspondance entre Mgr
« l'Evêque de Marseille et M. le curé des Aygalades ;

« Après avoir entendu dans leur dire, d'une part, M.
« l'abbé Jeancard pour Mgr l'Evêque de Marseille, et de
« l'autre M. l'abbé Martin, vicaire de Saint-Charles *intra-
« muros* à Marseille, pour M. le curé des Aygalades ;

« Vu, en outre, sur la matière les règles de Droit Canon

---

(1) On n'a jamais refusé à M. Jonquier la faculté de se faire assister de deux défenseurs, quand il paraîtrait devant ses juges pour soutenir son procès ; mais on s'est borné à vouloir qu'il comparût seul devant son Evêque en conférence extra-judiciaire.

« et ordonnances, et notamment le Concordat de 1801 et
« l'art. 15 du décret qui accompagne ledit Concordat ;

« Considérant qu'il y a deux espèces de juridiction, la
« contentieuse et la volontaire ;

« Que l'officialité métropolitaine ne peut voir que des
« actes de la juridiction contentieuse, les actes de la juri-
« diction volontaire n'étant pas de son ressort, mais
« pouvant être seulement soumis à la censure du Métro-
« politain en personne, ou du Concile provincial quand il
« y a lieu ;

« Considérant que les trois actes dont est appel, éma-
« nent de la juridiction volontaire de l'Evêque de Mar-
« seille, n'ayant pas été environnés des formes judiciaires
« essentielles à l'exercice de la juridiction contentieuse ;

« Que la première suspense d'un mois était purement
« correctionnelle ; que la seconde, qui doit avoir son effet
« jusqu'à ce qu'il ait été statué définitivement, loin d'être
« un jugement définitif, appelle, au contraire, nécessaire-
« ment le jugement de l'officialité diocésaine de Marseille ;

« Considérant, d'autre part, qu'une enquête ordonnée
« par Mgr l'Evêque de Marseille dans la paroisse des
« Aygalades, annoncée comme enquête publique, dirigée
« par trois commissaires épiscopaux, bien qu'elle n'ait
« pas été environnée des formes judiciaires, a pu néan-
« moins être considérée par M. Jonquier comme enquête
« judiciaire et commencement de procédure contre lui ;

« Que par suite, et toujours sous l'empire de cette
« préoccupation, il a pu désirer de ne pas se présenter
« seul devant le Conseil de l'Evêque de Marseille et
« devant l'Evêque lui-même, ce qu'il n'aurait certaine-
« ment pas pu faire sans désobéissance, s'il avait pu pen-
« ser qu'il ne s'agissait pas de son procès ;

« Considérant, en outre, que la suspense du 2 mai doit
« être limitée, même selon ses termes, par le jugement à
« intervenir, après qu'il aura été statué sur l'appel ;

« Considérant que ce jugement à intervenir ne pourrait

« être longtemps ajourné, sans que M. Jonquier en souf-
« frit un grave dommage ;

« Nous déclarons :

« 1° Que l'officialité métropolitaine est incompétente
« pour juger le fond de la cause dont est appel ;

« 2° Nous renvoyons M. Jonquier, curé des Aygalades,
« devant l'officialité diocésaine de Marseille ;

« 3° Nous déclarons que si, dans la huitaine à dater de
« demain 23 juin, la procédure n'est pas commencée
« devant l'officialité diocésaine de Marseille, et si le juge-
« ment n'est pas intervenu quinze jours après le commen-
« cement de la procédure, la censure du 2 mai aura
« atteint sa limitation, et Mgr l'Evêque de Marseille sera
« censé avoir abandonné la cause.

« Donné à Aix, dans l'officialité métropolitaine, le
« 22 juin 1835.

« *Signé :* ABEL,

« Vicaire général, cap. official. »

« On le voit, la décision est, à peu de choses près, la reproduction des fins prises au nom de Mgr l'Evêque de Marseille par M. l'abbé Jeancard. »

III

MON APPRÉCIATION, D'APRÈS LE DROIT CANON

L'article du *Sémaphore* n'était pas *embrouillé*, comme le prétend la *Gazette du Midi ;* il avait parfaitement raison de trouver *absurde* un jugement en vertu duquel le tribunal, tout en se déclarant incompétent, enjoignait à l'une des deux parties certaines opérations à jour fixe, de telle sorte que, si elle ne s'exécutait pas, l'autre partie devait rentrer dans la jouissance de ses droits, ce qui par le fait était se déclarer compétent.

Après avoir étudié sérieusement cette question, voici comment je crois devoir expliquer cette contradiction :

Le Concile de Lyon, tenu sous Innocent IV, établit la discipline suivante (liv. 1, tit. 16, ch. 1) :

« L'official du Métropolitain ne peut procéder contre « les Evêques suffragants en prononçant contre eux des « sentences d'interdit, de suspense ou d'excommunica- « tion ; quand il s'agit de correction et de discipline « ecclésiastique, c'est l'Archevêque en personne, comme « supérieur immédiat, qui doit connaître de ces affaires. »

D'autre part on lit dans les Mémoires du clergé, tome 7, page 1485, ce qui suit :

« L'official métropolitain n'a pas droit de juger les « appels interjetés des ordonnances des Evêques, éma- « nées de la juridiction volontaire ; il faut se pourvoir « devant l'Archevêque. » (Page 215, DE HÉRICOURT, *Lois ecclésiastiques*).

Donc toute la question se résumait dans ceci : les censures portées contre M. Jonquier émanaient-elles de la juridiction volontaire ou gracieuse, ou bien de la juridiction contentieuse ? Dans le premier cas, l'officialité d'Aix était incompétente, d'après la discipline ecclésiastique ; elle était compétente dans le second, puisqu'il s'agissait seulement de révoquer une sentence.

Or, d'après l'enseignement des Canonistes, la juridiction ecclésiastique (judiciaire) se divise en volontaire ou gracieuse et en contentieuse. La nature des choses que les supérieurs sont obligés de régler et les moyens différents qu'on emploie pour s'en instruire, ont servi de fondement pour établir cette division.

Ainsi la juridiction contentieuse s'exerce dans le for extérieur, en suivant les formes judiciaires prescrites par le Droit, et seulement dans le propre territoire du juge ;

par exemple, lorsqu'on porte des censures contre un clerc.

La juridiction volontaire ou gracieuse n'exige aucune forme judiciaire et s'exerce cependant dans le for extérieur, mais, comme l'on dit, *de plano, sine strepitu forensi*, même hors du propre territoire ; on l'appelle ainsi, parce que l'exercice de cette juridiction dépend du seul discernement du juge, soit que ses actes puissent être réformés par son supérieur, soit qu'on ne puisse pas appeler de sa décision ; et dans ce dernier cas, elle est proprement dite *gracieuse*.

Ainsi le refus de donner des permissions à des prêtres qui n'ont pas de titre pour prêcher et confesser et les pouvoirs accordés par l'Evêque à ses vicaires généraux, appartiennent à la juridiction gracieuse ; elle prend le nom de *pénitentielle*, lorsqu'elle s'exerce dans le for intérieur et regarde le Sacrement de Pénitence.

Mais le refus de conférer les Ordres à un postulant, quoique appartenant à la juridiction volontaire, peut être déféré au supérieur, qui a le droit de réformer la décision.

De plus, puisque les Canons déterminent les cas auxquels les Evêques eux-mêmes doivent être déposés, ne peut-on pas tirer cette conclusion générale, dit le père Thomassin, que les prêtres sont soumis au même jugement et aux mêmes clauses ? Parmi les preuves nombreuses qu'on pourrait citer à l'appui de cette thèse, je me borne à rappeler le Canon 26 du 4me Concile de Constantinople, en 870. Il s'agit d'un prêtre qui a été déposé par son Evêque pour quelque crime et qui prétend l'avoir été injustement. Le Concile autorise ce prêtre à recourir au Métropolitain, qui doit recevoir l'inculpé, appeler l'Evêque, et réuni à d'autres Evêques, examinera l'affaire, pour confirmer ou révoquer la première sentence.

Telle a été la jurisprudence de toute l'Eglise dès les premiers siècles, et Rome l'a constamment suivie depuis cette époque.

Aussi on peut lire à la page 24 de la 3me partie, note 1,

des *Lois Ecclésiastiques,* de Héricourt, ce qui suit :
« L'Evêque ne peut ôter la juridiction attachée au béné-
« fice, que dans les cas déterminés par le Droit, et après
« lui avoir fait son procès ; il n'est donc pas le maître et
« le propriétaire de cette juridiction. »

(Voir Reiffenstuel, de Héricourt, Rousseaud de Lacombe, Goyénèche, André, etc.)

D'après toutes ces autorités, maximes et pratiques, il résulte évidemment que les censures, portées contre un curé titulaire et inamovible, émanaient de la juridiction contentieuse et que par conséquent l'officialité métropolitaine avait le droit d'en connaître, même le siége étant vacant. D'autre part l'officialité de Marseille n'ayant prononcé aucun jugement, et l'Evêque n'ayant censuré M. Jonquier qu'extra-judiciairement ou *ex informatâ conscientiâ*, il n'y avait pas eu un jugement de 1re instance et l'officialité métropolitaine ne pouvait pas admettre un appel d'une sentence qui n'avait pas eu lieu. De plus on ne peut appeler des censures *ex informatâ conscientiâ*, enseignent les Canonistes modernes, qu'au St-Siége. L'officialité était donc pour ces deux raisons doublement incompétente.

Mais comme ces sentences ne peuvent être prononcées pour des péchés publics ni parconséquent être livrées à la publicité, l'official devenait compétent, pour en prononcer ou au moins en constater la nullité, par défaut de procédure essentielle.

Enfin comme ces sortes de censures doivent être temporaires, et *considérant que le jugement à intervenir ne pourrait être longtemps ajourné* sans que M. Jonquier en *souffrît un grave dommage*, l'officialité d'Aix déclara, plutôt d'après le bon sens et la justice naturelle que d'après le Droit Canon (qu'elle paraissait ignorer), que M. Jonquier serait censé être relevé des censures, si à un jour déterminé le jugement n'était pas intervenu.

On a vu ci-dessus quelle fut l'issue de cette grosse

affaire? M. Jonquier ne fut pas cité devant l'officialité de Marseille ; il fut par conséquent relevé *ipso facto extérieurement de ses censures,* qui d'ailleurs étaient nulles intérieurement, comme je viens de le dire ; mais les tracasseries humiliantes continuèrent jusqu'au mois d'octobre ; alors il y eut une transaction à laquelle ce vénérable curé finit par adhérer, pour jouir d'un peu de repos, avant de mourir ; on lui donna un nouveau pro-curé, qui eut pour lui plus d'égards que le premier. Il lui céda le presbytère, les deux tiers du traitement et le casuel. Une fois l'an il venait célébrer la Messe, faire le prône, en un mot, montrer à ses paroissiens qu'il était encore leur curé.

Quant à l'abbé Martin, on lui retira les pouvoirs de vicaire, immédiatement après la plaidoirie, et il ne fut nullement question de lui dans la transaction.

Au traité des Pyrénées, grâce entière fut accordée à Condé, qui avait servi contre sa Patrie.

Clero aliter visum!!

IV

MON APPRÉCIATION PERSONNELLE
SUIVIE D'UN ARTICLE DU « SÉMAPHORE »

Ainsi depuis le mois de mai les scandales se succédaient sous une administration qui abusait de la faiblesse et de la confiance aveugle de son chef ; malgré son incapacité, Mgr Fortuné eut été béni de tous, s'il n'avait pas été en quelque sorte sous la tutelle de son neveu ; je sais qu'il sentait l'humiliation de son état ; mais comme la plupart des membres du clergé, il gémissait en secret et laissait faire ; les observations respectueuses n'avaient aucune valeur ; il aurait fallu que le tonnerre grondât autour de l'Evêché et que la voix de Dieu, représentée par une protestation générale, se fît entendre à l'oreille du saint Evêque. Mais le moment n'était pas encore venu ; en attendant la *Gazette du Midi* continuait à insérer dans ses colonnes le mensonge et les perfides insinuations, condamnait ce qu'elle ignorait et compromettait ainsi tout à la fois la dignité épiscopale et l'autorité métropolitaine, en enregistrant un arrêt qui, sous des formes presque contradictoires, ne laissait pas que de mettre un frein aux prétentions anti-canoniques de l'Evêché ; pour l'honneur de tous, il eut mieux valu garder le silence ou au moins ne pas livrer intégralement cette pièce à la publicité (1). Que résulta-t-il en effet de cette révélation ?

Les affaires du clergé n'intéressent que médiocrement le monde financier ; on ne lit pas ou on lit superficiellement les articles qui exposent en général et vaguement les plaintes des prêtres, qui sont l'objet des vexations épiscopales. Mais lorsqu'on met sous les yeux du lecteur le plus léger ou le plus distrait, une anecdote ou une chronique plus ou moins scandaleuse, l'attention s'y porte fatalement, surtout lorsqu'il se rencontre des circonstances curieuses et appartenant à l'actualité, comme dans l'affaire de l'abbé Jonquier.

On voyait en effet un curé septuagénaire poursuivi depuis quelques années avec un acharnement qu'on ne pouvait pas dire inouï, hélas ! dans le diocèse de Marseille ; il s'était mis d'abord sous la protection de l'officialité diocésaine ; quoi de plus naturel et de plus légitime qu'un accusé demande à être jugé ; et quoi de plus inique

---

(1) Chose curieuse ! la *Gazette du Midi* avait alors pour rédacteur en chef, M. Abel, neveu du Vicaire général d'Aix.

et de plus anti-social qu'on lui refuse des juges. Cependant ce n'est qu'à la suite de ce refus, qu'il a recours à l'officialité métropolitaine ; alors, la *Gazette* en convient, l'officialité diocésaine se réveille, reconnaît son tort ou son erreur et fait le ferme propos de s'amender ; mais il paraît que la grâce efficace lui a manqué ; elle se rendort, pour ne se réveiller qu'à son heure, puisqu'après quarante ans, elle est encore muette.

Le *népotisme*, si funeste à la papauté pendant longtemps, fut à cette époque un véritable fléau pour l'Eglise de Marseille. Quelque sévère que paraisse ce langage, il est pourtant en réalité conforme à l'arrêt de la Cour métropolitaine, que la *Gazette du Midi* s'est bien gardée d'appeler *factieux* et de présenter comme *une sanction a la révolte*, selon les expressions dont elle usait envers les écrivains du *Sémaphore*.

Je ne veux pas, avait dit Mgr d'Icosie, que mon palais soit converti en tribunal. Et voilà que l'official métropolitain lui impose cette dure et humiliante obligation ; et par la plume de son représentant, il promet d'obéir, tant qu'on lui serre la gorge ; mais une fois débarrassé de ses adversaires, il se hâte de jeter aux oubliettes l'arrêt malencontreux qui lui a rappelé que son pouvoir n'est pas illimité, et que l'Evêché de Marseille n'est pas un Evêché modèle.

Cependant le rusé secrétaire avait fait merveilleusement son devoir ; la diligence avait porté à Aix, dit-on, beaucoup d'instructions secrètes, des notes officielles et même des supplications officieuses ; c'était, bien entendu, le vénérable Evêque qui avait signé tous ces écrits, adressés à un prêtre, M. le chanoine Abel. Mais M. l'abbé Jeancard ne parut pas ; il se rendait justice en se claquemurant et se faisant remplacer par un *pâle mémoire*, écrit, dit-on, avec *rapidité* et *négligence;* et Mgr d'Icosie crut devoir se préparer par une retraite volontaire à l'humiliation qu'il allait subir.

Le champ était donc libre ; aussi l'éloquent défenseur du curé septuagénaire n'eut pas de peine à pulvériser le *mémoire incorrect* et à triompher du jeune Promoteur dont la haute intelligence et le noble caractère se refusaient assurément à soutenir une *cause imposée*. Les trophées de M. l'abbé Martin ont dû se présenter souvent comme un fantôme odieux au chevet de ses lâches adversaires ; ils n'ont pu étouffer cette voix puissante qui a flétri hautement leur administration tracassière ; mais si la victoire leur a échappé, la vengeance leur est restée, comme suprême auxiliaire ; bien que maudite par J.-C., nos Pontifes l'arment grotesquement de foudres sacrés ; que mille nœuds gordiens se présentent, les censures de l'Eglise lui tiennent lieu de l'épée d'Alexandre (1).

Ainsi un prêtre, chargé légitimement de la défense d'un vieillard vénérable, protégé pour l'accomplissement de ce devoir par le droit des gens, autorisé par les Canons de

---

(1) Mgr d'Icosie exhalait ainsi sa pieuse fureur dans les deux lettres suivantes, adressées à son oncle :

« *16 Juin 1835.*

« Croyez, mon cher Oncle, que c'est avec un véritable regret
« que je m'éloigne de vous ; c'est le mal le plus sensible que pût
« me faire l'*indigne sujet que l'enfer inspire*..... »

« *26 Juin 1835.*

« J'éprouve, mon cher Oncle, une sorte de peine à être loin de
« vous le jour d'une si belle fête (le Sacré-Cœur) pour votre
« diocèse. Quelles que soient les consolations spirituelles que je
« rencontre dans ma marche, on peut dire apostolique, je gémis
« et suis vraiment contrarié du motif qui a déterminé mon
« voyage ; c'est vraiment trop fort d'être obligé de céder la
« place à la révolte et à l'audacieuse calomnie, personnifiée dans
« la personne de *cet indigne pamphlétaire*, qui s'est donné la
« mission d'outrager votre autorité et notre très-saint minis-
« tère..... *(Biographie)*. »

l'Eglise et la constitution de l'Etat, fût rejeté *arbitrairement* du ministère des paroisses, en vertu de la juridiction *gracieuse !!!*

On a beaucoup écrit et beaucoup parlé contre le despotisme des Césars et l'autocratie des Ottomans ; ne pourrait-on pas dire à nos dépositaires de l'autorité de l'Eglise : *mutato nomine, de te fabula narratur ?* Avec d'autant plus de raison que nous vivons tous, pontifes, prêtres et fidèles sous les lois évangéliques et que nous avons tous un même chef, dont le *joug est doux* et le *fardeau est léger* et dont les doctrines exercent même une influence salutaire sur les peuples qui n'y croient pas encore. Nos tribunaux civils observent scrupuleusement toutes les formes judiciaires, même à l'égard des plus infâmes scélérats ; nos administrations ecclésiastiques seules s'en dispensent. La barbarie, chassée de l'Europe civilisée, se serait-elle réfugiée dans les palais épiscopaux ? A cette pensée, la plume tombe des mains, le cœur oppressé ne sait que gémir et la bouche ne peut que répéter ce cri patriotique et religieux : « Dieu sauve l'Eglise de France. »

Telles étaient les considérations auxquelles je me livrais dans ma solitude, tandis que le *Sémaphore* du 10 juillet insérait ce qui suit :

« *10 Juillet.*

« Quoi qu'en ait dit la *Gazette du Midi*, il n'en est pas moins certain que Son Eminence le cardinal Pacca a écrit une lettre à Mgr d'Icosie, contenant des plaintes sur sa mauvaise administration du diocèse de Marseille, et de vifs reproches sur la manière indigne dont il traite les prêtres. Il lui rappelle ce qu'on lui avait écrit dans d'autres circonstances, la défense à lui faite par le Pape de se mêler de l'administration du diocèse ; et il lui enjoint, vu qu'il n'a tenu aucun compte des ordres de Sa Sainteté, et vu aussi les plaintes incessantes qui arrivent à Rome contre lui, et de la part des prêtres et de la part du Gouvernement, il lui enjoint, disons-nous, de sortir de Marseille et même du Royaume. Voilà pourquoi Mgr d'Icosie s'est éloigné au moment des processions de la Fête-Dieu et n'a pas pu parader à Marseille.

« Encore un mot. Comment se fait-il que la *Gazette du Midi* qui déclame avec autant de persévérance que d'acrimonie contre l'autorité civile et judiciaire du Gouvernement de Juillet, défende avec ténacité les meneurs de l'Evêché de Marseille ? Cependant depuis 13 ans que M. de Mazenod, aujourd'hui évêque d'Icosie, gouverne souverainement notre diocèse, un grand nombre de prêtres ont été interdits, expulsés, forcés par l'arbitraire inhumain de l'Evêché à quitter leur état, et jamais aucun prêtre n'a pu connaître les griefs qu'on lui reprochait, se faire assister d'un ami pour élever la voix en sa faveur ; il n'a jamais obtenu la protection de la publicité des débats contradictoires de la légitime défense. Aussi toutes les décisions de l'Evêché outragent la morale publique, froissent tous les cœurs honnêtes, soulèvent l'indignation ; et les treize années de l'administration de M. de Mazenod et de ses agents serviles ne sont qu'une longue suite de méfaits, d'injustices et d'illégalités flagrantes.

« Néanmoins la *Gazette du Midi* trouve tout cela bien ; elle s'indigne contre ceux qui osent douter de la moralité des actes de nos administrateurs diocésains.

« Cette opposition de langage, cette contradiction dans ses jugements relatifs aux pouvoirs civil et ecclésiastique, tiennent sans doute à une cause grave.

« Les garanties que la *Gazette* demande à l'autorité civile et judiciaire en faveur des citoyens français, pourquoi ne les demande-t-elle pas à l'autorité ecclésiastique en faveur des prêtres ? Ceux-ci ne sont-ils pas français ? Ne sont-ils pas des hommes ? Ne doivent-ils pas être protégés par la loi naturelle, la loi divine et les idées de justice admises dans tous les temps ? Un prêtre est-il aux yeux de l'autorité ecclésiastique de Marseille et de la *Gazette* une bête fauve, un ilote, un paria sans droit, sans raison, sans conscience? Est-il une pure machine qui se meut au gré de l'Evêché? Doit-il mettre de côté les lois de Dieu, de l'Eglise et de l'Etat, pour ne suivre que les inspirations souvent fausses, quelquefois perverses, séditieuses même, de l'administration ecclésiastique? En un mot, un prêtre peut-il être honnête homme sans recevoir les coups de l'Evêché et essuyer les outrages de la *Gazette?*

« Pour hésiter sur le sens des réponses à ces diverses questions, il faut être sous l'empire de graves préoccupations. Il faut ou que l'esprit soit plongé dans l'illusion, ou bien, qu'abjurant tous les principes, ne suive que la voix de l'intérêt. La rumeur publique assure que l'Evêché de Marseille est actionnaire de la *Gazette du Midi*. Que Dieu préserve la France du triomphe de la *Gazette;* car le Royaume serait gouverné comme l'administration ecclésiastique gouverne le diocèse. »

Di, talem avertite Pestem !

V

Mgr REY, ÉVÊQUE DE DIJON

Comme je l'ai dit ailleurs, M. l'abbé Rey avait été récompensé de son zèle pour la révolution de Juillet, par sa nomination à l'évêché de Dijon; ses intrigues pour arriver à l'épiscopat avaient été si ostensibles, que ses nouveaux diocésains le virent arriver avec beaucoup de répugnance et peut-être ils ne dissimulèrent pas assez leur mécontentement ; cet état de choses exigeait de la part du nouveau prélat une grande prudence, dont ne sont pas capables en général les pasteurs qui n'entrent pas *par la porte dans la bergerie.* Aussi les préjugés devinrent bientôt des griefs et les griefs des chefs d'accusation. Mais je vais laisser parler la *Gazette*, qui, ne se trouvant plus en présence de Mgr de Mazenod, un de ses actionnaires, ne craignait pas d'être *factieuse* ni de *prêcher la révolte*, en signalant avec amertume les excès de pouvoir de l'Évêque de Dijon. Je rappelle que c'est la *Gazette* qui va parler. On croira en effet lire le *Sémaphore*. Ce qu'il y a de pitoyablement curieux, c'est que les mercuriales dirigées contre Mgr Rey coïncident avec les apologies de Mgr de Mazenod.

« *16 Juin 1835.*

« Un conflit de juridiction, qui s'était élevé entre Mgr Rey, évêque de Dijon, le préfet de la Côte-d'Or et le ministre de la Justice, au sujet de la nomination aux cures, avait laissé sans curé, pendant près d'un an, la commune de Fontaine-Française.

« Ce déplorable abandon a produit un résultat plus déplorable encore. Quatre cents habitants se sont réunis dans l'église et ont résolu de demander un prêtre à Châtel. Ces hommes égarés ne donnent à leur schisme d'autre prétexte que la nécessité de l'éducation religieuse et l'inutilité de leurs efforts pour faire cesser le conflit. Il y a chez eux stupide ignorance et rien de plus.

« Cependant le mal va s'accomplir, si l'on ne se hâte d'y porter remède. Incontestablement les auteurs du conflit sont les véritables auteurs de ce désordre. Mais sur qui la responsabilité morale doit-elle retomber ? Sur le Ministre, sur le Préfet, sur *l'Évêque, sur les trois ensemble ? Déplorable choix à faire, mais qui apprendra sans doute au chef de l'État que les prêtres tricolores ne feront jamais de bons évêques.* »

Et Mgr d'Icosie n'a-t-il pas été passablement tricolore en 48 et sous l'Empire ? Personne n'ignore à Marseille le rôle grotesque qu'il a joué à la Plaine St-Michel, en bénissant la statue de Marianne, représentant la République.

Plus tard, lors de la bénédiction de la première pierre du Château Impérial, on a pu entendre, comme moi, le même prélat, lire sur le ton le plus emphatique un discours d'un style ampoulé à l'adresse de l'*Empereur*, de l'*Impératrice* et du *Prince Impérial* : c'est ainsi qu'il termine les principales périodes de sa harangue. Or, c'était le 15 août, pendant que tout le clergé marseillais assistait à la procession générale, pour accomplir le vœu de Louis XIII, que Mgr Eugène de Mazenod faisait en plein air, en face du fort St-Nicolas, sa profession de foi en faveur de la dynastie des Napoléons. Mais il y avait à la *Gazette* deux poids et deux mesures, quoique le savant M. Abel y tînt la plume ou qu'il en eût au moins la principale direction.

« *GAZETTE DU MIDI*

« *23 Septembre 1835.*

« L'administration de l'évêque de Dijon, Mgr Rey, excite de nombreuses plaintes. *L'Ami de la Religion* rapporte ainsi les réclamations que le clergé de ce diocèse a fait entendre dans une retraite donnée récemment par un ecclésiastique du Midi, M. l'abbé Boué.

« Beaucoup de bons curés ne s'étaient rendus à la
« retraite que dans l'intention de profiter de cette réunion
« pour faire entendre leurs plaintes et leurs vœux. Les
« curés de canton présents ont présenté, au nom de tous
« leurs confrères, une supplique dans la forme la plus
« respectueuse, pour y exposer les maux du diocèse. On
« ne connaît point encore le résultat de cette démarche;

« puisse la vérité se faire jour malgré les efforts de tous
« ceux qui entourent, obsèdent et trompent l'autorité ! On
« croit que M. Boué lui-même qui a vu de près l'état des
« choses, a essayé de faire entendre des avis salutaires.

« On dit que la supplique porte sur un grand nombre
« d'objets ; on s'y plaint de la longue vacance de plusieurs
« cures, de l'affluence des prêtres étrangers, de la réha-
« bilitation de quelques mauvais prêtres, interdits précé-
« demment et qui ne paraissent guère s'être amendés, de
« l'état déplorable du petit Séminaire, où il n'y a ni piété
« ni discipline, de l'état même du grand Séminaire, qui
« laisse beaucoup à désirer ; enfin du malheur qui a placé
« auprès du chef des hommes discrédités, ou même flétris,
« dont le langage et la conduite sont un sujet de gémisse-
« ments pour le clergé et les bons fidèles. Nous serions
« heureux d'apprendre que cette nouvelle tentative aura
« plus de succès que les précédentes. »

Voilà donc une retraite pastorale, où tous les prêtres
bons et mauvais doivent se rendre pour se recueillir,
entendre la parole de Dieu, se corriger et s'édifier
mutuellement, transformée en une sorte de réunion insur-
rectionnelle, ayant pour chef le prédicateur lui-même ;
on avoue publiquement que l'Evêque est obsédé et trompé
par des hommes discrédités et flétris. On fait du diocèse
de Dijon le tableau le plus lamentable et tout le désordre
est attribué à la présence récente du nouvel évêque, qui,
presque instantanément aurait *changé l'or pur en un
plomb vil*. Je n'ai jamais eu beaucoup d'entraînement ni
pour la personne ni encore moins pour les actes de Mgr
Rey. Mais je crois que l'*Ami de la Religion et du Roi*,
comme il se nommait sous la Restauration, et la *Gazette
du Midi*, son fidèle écho, voyaient l'administration de
Mgr Rey à travers le prisme de la légitimité et ne lui
pardonnaient pas son origine *tricolore* ; il a fait des fautes
incontestablement ; mais le moyen qu'on employait alors

pour le faire descendre de son siége, était-il bien canonique et surtout édifiant ?

Quoi qu'il en soit, Mgr Rey finit par succomber sous les efforts réunis du clergé et de l'autorité civile, qu'il avait eu la maladresse de froisser simultanément et est venu mourir à Aix, obscurément, dans sa propre maison. On dit que lorsqu'il reçut les derniers Sacrements, après avoir fait selon l'usage sa profession de foi catholique, il prononça lentement ces paroles : *Je pardonne à tous ceux, quelles que soient leur position et leurs dignités, qui m'ont autrefois offensé.* Il faisait allusion à Son Eminence Mgr Morlot, alors archevêque de Paris, cardinal, et jadis membre influent du clergé de Dijon.

Sic transit gloria mundi.

CHAPITRE VI

Suite des menées de l'Evêché contre les Fondateurs de Menpenti

---

I

LETTRE DE L'ABBÉ BLANC ET RÉPONSE DE L'ÉVÊCHÉ

Au commencement du mois d'août, M. l'abbé Blanc, qui avait pris possession du Château Menpenti avec l'abbé Vidal et quelques élèves, crut devoir faire une démarche de soumission auprès de Mgr l'Evêque, qui qui était pour lui seul son *Ordinaire* d'origine, attendu que l'abbé Vidal appartenait au diocèse de Fréjus et n'était, comme moi, soumis qu'indirectement à la juridiction de l'Evêque de Marseille, d'après la pratique reçue.

M. l'abbé Blanc, petit neveu de Mgr Guigou, évêque d'Angoulême, avait été ordonné prêtre par son oncle, qui tenait à le garder auprès de lui, lorsqu'il fut réclamé par sa mère, domiciliée à Marseille et sujette à de graves infirmités.

Mgr de Mazenod lui fit un excellent accueil et l'honora longtemps de son estime et de son affection. L'abbé Blanc prêchait avec beaucoup d'élégance et de dignité ; et son langage correct, véhément, relevé par une figure intéressante attirait à ses sermons et conséquemment à son confessionnal l'aristocratie du sexe dévot. Il avait donc une clientèle dorée qui laissait de temps en temps chez lui des traces brillantes de sa générosité ; un prêtre ainsi posé, qui avait eu l'heureuse pensée de prendre pour son directeur spirituel Mgr d'Icosie, pouvait braver impunément les dénonciations, qui, grâce au système gouvernemental du susdit prélat, étaient alors en grande vogue. De quoi en effet ne fut-il pas accusé ? Il m'a fait sur ce point des confidences que je dois taire, mais qui prouvent qu'il était très-utile d'avoir Mgr Eugène pour directeur de la conscience ; la pieuse familiarité de ce prélat fut souvent en effet une ressource infaillible, une sorte d'asile sacré où les coupables mêmes pouvaient se réfugier en toute sécurité.

M. l'abbé Blanc, qui avait de nombreux jaloux, surtout parmi les anciens prêtres, fut l'objet de fréquentes dénonciations, sur la valeur réelle desquelles je m'abstiens de me prononcer ; j'en parlerai plus tard ; Mgr d'Icosie qui se plaisait, pendant la confession de son pénitent, à passer ses doigts dans les boucles de sa longue chevelure, lui servait de bouclier ; mais, lorsqu'il ne pouvait faire autrement que de prendre en considération tel ou tel grief, il se contentait de le changer de paroisse ; enfin le cycle presque entier étant épuisé, il le jeta dans le petit Séminaire où il vint me trouver et devait me remplacer à mon départ ; ainsi celui qu'on jugeait indigne de diriger la conscience des dames et des demoiselles, était devenu le confident de M. l'abbé Bicheron et était présenté aux jeunes gens comme un modèle des vertus sacerdotales. On sait comment M. l'abbé Blanc sortit de cette fausse position et pourquoi je crus devoir m'attacher à lui, en reconnaissance de l'intérêt qu'il m'avait porté et du dévoûment tout spontané qu'il avait montré et dont il m'était impossible alors de soupçonner l'arrière-pensée.

Dans cet état de choses, il se décida donc à faire une démarche auprès de Mgr d'Icosie ; connaissant parfaitement le défaut de la cuirasse, comme l'on dit, il aurait sans contredit réussi à l'attendrir et à le désarmer, si au lieu d'écrire, il lui avait fait une visite ; aussi sa lettre ne produisit aucun effet ; elle tomba dans le domaine du *Conseil* et on lui fit cette fameuse réponse du 12 août, que je n'ai jamais lue pour d'excellentes raisons, mais qui devait être un recueil complet de toutes les infamies qu'on avait reprochées en divers temps au *pénitent* de Mgr d'Icosie et au *confident* à qui M. Bicheron *avait révélé son âme tout entière*. C'est cette dégoûtante lettre qu'on nous engagera à publier ; on y reviendra, toutes les fois qu'on prendra la plume pour discréditer notre Maison. Je ne pouvais justifier directement M. Blanc d'accusations que je ne connaissais que vaguement ; d'ailleurs à quoi bon remuer ce fumier ? Personne n'y aurait gagné. Mais je crois avoir réussi à faire crouler ce formidable appareil d'accusations par des preuves indirectes, comme on pourra s'en convaincre par la lecture de mon *Mémoire;* de telle sorte que si l'abbé Blanc, en mettant le pied à Menpenti, avait pris la résolution, je ne dis pas d'un chrétien ou d'un prêtre, mais d'un honnête homme, de ne prêter le flanc à aucune critique sérieuse, l'Evêché en aurait été pour ses frais de diffamation.

II

NOTE DE LA « GAZETTE »
SYNODE ET CIRCULAIRE AUX CURÉS

La lettre du 12 août, quoique injurieuse et diffamante, ne suffisait pas, pour le but que se proposait l'Evêché ; il fallait à tout prix, *per fas et nefas,* nous empêcher d'ouvrir le pensionnat et le détruire à sa naissance : le moyen qui parut le plus efficace, fut la diffamation publique. Ainsi la *Gazette du Midi* du 3 septembre insérait la note suivante, de la part de l'Evêché :

« Mgr l'Evêque de Marseille ayant appris que l'on
« faisait courir le bruit que le pensionnat établi dans la
« maison de campagne de Menpenti avait obtenu son
« approbation et serait dirigé sous ses auspices, se trouve,
« après avoir hésité quelque temps, dans la fâcheuse
« nécessité de protester contre cet abus de son nom. Sa
« lettre du 12 août dernier aux Directeurs de cet établis-
« sement éclairerait, si elle était publiée, toute la question.
« Quoi qu'il en soit, la responsabilité spirituelle de Mon-
« seigneur comme pasteur des âmes, l'oblige à son grand
« regret de déclarer publiquement qu'il ne saurait couvrir
« de son autorité les résultats de l'éducation qu'on donnera
« dans le Pensionnat dont il s'agit. »

N'est-il pas évident que cette longue note, imaginée pour faire taire un bruit qui ne courait pas, et qu'on ne supposait que pour se donner le droit de protester publiquement, était un écrit diffamatoire et pouvait par conséquent être l'objet d'une citation devant les tribunaux ? L'évêque a le pouvoir d'infliger des censures occultes, sans employer les formes judiciaires ; mais s'il les livre à la publicité, avant d'avoir employé les formalités canoniques, il devient coupable, comme tout autre citoyen, du délit de diffamation ; de plus dans le cas actuel il violait la justice, en détournant, par des insinuations perfides, les pères de famille de nous confier leurs enfants et en mettant ainsi un obstacle direct et ruineux à l'usage de notre droit.

Mais est-ce assez ? Oh ! non... La lettre du 12 août, quoique adressée aux Directeurs, n'était en réalité que pour M. Blanc ; l'entrefilet de la *Gazette* pouvait passer inaperçu ; et d'ailleurs tous les prêtres ne lisent pas tous les jours la *Gazette*, et comme en toutes choses, il faut considérer la fin ou le but, et que le but de l'Evêché était de nous écraser, il devait au plus vite aborder les grands moyens et employer ces grands remèdes que justifient seulement les maladies les plus graves.

Le 25 septembre, on convoqua en Synode tous les curés, recteurs et aumôniers de Marseille, non pour les consulter ni pour délibérer et prendre leur avis, mais pour leur déclarer qu'ils avaient à se mettre en état d'hostilité contre le nouvel établissement, s'ils tenaient à ne pas rompre avec l'Évêché. Je n'ai jamais bien su ce qui s'était passé dans cette conférence ; mais je puis affirmer, sans le moindre scrupule, que celui ou ceux qui ont pris la parole contre nous, ne nous ont pas ménagés et que pas une voix ne s'est fait entendre pour nous justifier ou au moins pour faire admettre les circonstances atténuantes.

Cette décision à huis clos ne fut pas jugée suffisante. On pensa qu'il fallait *ad perpetuam rei memoriam* la fixer et l'immobiliser en quelque sorte dans une circulaire, qui fut en effet imprimée et distribuée à tous les membres du clergé. En voici une copie :

ÉVÊCHÉ DE MARSEILLE

« *Circulaire aux prêtres approuvés de Marseille.*

« Monsieur,

« Notre sollicitude pastorale est mise à l'épreuve par l'obstination avec laquelle trois prêtres, dépourvus de tout pouvoir spirituel, poursuivent l'exécution d'un projet *qui ne saurait s'accorder avec le bien des âmes.*

« Si, *après s'être élevés contre nous* avec un éclat qui a profondément affligé la religion, ils s'étaient arrêtés dans leur voie, nous nous serions contentés de gémir en secret sur leur conduite, et de prier pour eux ; mais rien ne les arrête ; *nos salutaires conseils* ont été perdus, et nous sommes dans la nécessité de rompre enfin le silence sur ceux que nous aurions voulu toujours *couvrir du manteau de notre charité.*

« *Se plaçant par le fait* en dehors de notre juridiction nécessaire sur tout ecclésiastique habitant notre diocèse, et dans un état d'*hostilité permanente* contre notre autorité, ils osent, eux prêtres, braver ouvertement l'*Esprit de l'Eglise, fouler aux pieds* les saintes règles de la discipline et établir malgré nous dans notre ville épiscopale une Maison d'éducation qui n'est de leur part qu'une *œuvre de scandale* et de *révolte*, fondée au mépris des droits que nous tenons de J.-C. Cette Maison est un établissement *anti-catholique.* Nous ne saurions la reconnaître, encore *moins la surveiller* et la diriger sous le rapport religieux et moral ; et cependant l'éducation morale et religieuse de nos ouailles, Dieu lui-même nous l'a confiée, en nous établissant pasteur des âmes et père de la famille spirituelle.

« Mais que faut-il dire de plus ? N'est-ce pas assez que nous ayons découvert en particulier toute notre peine à la presque totalité des membres les plus marquants de notre clergé et qu'ils *aient unanimement jugé* de la même manière que nous une question déplorable ? Nous avons annoncé naguère que notre lettre du 12 août aux *Directeurs de la Maison* dont il s'agit, éclaircirait, si elle était publiée, toute la question. Mais nous ne devons pas publier cette lettre, et néanmoins des motifs de la nature la plus grave nous commandent d'avertir ceux qui ont besoin d'être avertis ; qu'ils sachent donc que leurs enfants sont un trésor d'un prix inestimable, un dépôt sacré dont ils répondront un jour au Souverain Juge, âme pour âme ; nous espérons que nous ne serons pas obligés d'en exprimer davantage sur ce triste sujet.

« Maintenant nous avons dit, notre devoir est rempli ; le vôtre, Monsieur, *est de reproduire* et de faire retentir nos avertissements ; votre zèle pour le salut des âmes et votre attachement aux vrais principes nous assurent de votre franche coopération à cet égard. Vous y mettrez la fermeté et la persévérance que vous avez toujours pour tout ce qui tient à l'accomplissement des obligations de votre état. Vous saurez en même temps que nous nous réservons à nous et à nos vicaires généraux seulement le pouvoir d'entendre les confessions des élèves externes et pensionnaires de le Maison Menpenti, sans qu'aucun autre prêtre, fût-il approuvé pour les cas même spécialement réservés, puisse s'immiscer dans cette fonction, pour quelque raison que ce soit ; toute juridiction lui est retirée à cet égard.

« Notre présente lettre-circulaire ne sera point lue en chaire.

« Recevez, Monsieur, l'assurance, etc.

« *Marseille, le 28 Septembre 1835.*

« † Charles Fortuné. »

J'ai répondu longuement à cette circulaire dans les diverses lettres insérées dans le *Sémaphore* et surtout dans le *Mémoire* ; il me suffit d'expliquer ici par une analyse sommaire les passages que j'ai soulignés.

1° *Qui ne saurait, etc.* — Comment le projet de fonder un Pensionnat ne pouvait-il pas s'accorder avec le bien des âmes? Dépourvus de tout pouvoir spirituel, par une décision arbitraire, que devions-nous faire? Aller à la Bourse, bêcher la terre, nous faire marchands d'huile ou de vin ?

2° *Après s'être élevés contre nous, etc.* — Il me semble que c'est au contraire l'Evêché qui a commencé à s'élever contre nous et surtout contre moi.

3° *Nos salutaires conseils et couvrir du manteau de*

notre charité. — Deux mensonges dont la démonstration se trouve dans tout ce qui précède.

4° *Se plaçant par le fait, etc.* — Nous n'avions pas besoin de la juridiction de l'Evêque pour fonder un pensionnat ; c'est clairement démontré dans le *Mémoire*.

5° *L'Esprit de l'Eglise.*— Il n'a rien à voir dans l'enseignement des langues, des sciences et des lettres. Tous ces grands mots, soulignés, inspirés par la colère, sont réduits dans le *Mémoire* à leur juste valeur.

6° *Nous ne saurions la surveiller, etc.* — Ce qui était illicite en 1835 et 1836, est devenu licite en 1837. D'ailleurs si l'autorité ne doit pas protéger les mauvaises œuvres, est-elle dispensée de les surveiller ?

7° *Qu'ils aient unanimement jugé, etc.* — Cette assertion est très-hasardée ; je sais ce que plusieurs membres considérables du clergé de cette époque pensaient des vexations de l'Evêché ; mais personne n'osait élever la voix et l'on prenait ou plutôt on feignait de prendre ce silence pour une approbation.

8° *Aux Directeurs de la maison, etc.* — Toutes ces diatribes s'adressent *aux Directeurs* ; je suis donc compris dans ce pluriel. Comment alors expliquer cette grande différence qui, d'après la lettre de l'abbé Sibour, existait entre mes deux associés et moi ? La justice et la charité n'exigeaient-elles pas que je ne fusse pas enveloppé dans leur anathème, puisque je ne l'avais pas mérité ? D'ailleurs la lettre du 12 août était adressée personnellement à l'abbé Blanc ; les deux autres Directeurs n'en ont jamais eu connaissance. Il est donc faux qu'elle eût été adressée aux trois Directeurs.

9° *Le vôtre est de reproduire, etc.* — C'est-à-dire, de travailler la conscience des pères de famille, de leur refuser l'absolution s'ils continuent à nous donner leur confiance et plusieurs prêtres en effet furent fidèles à accomplir ce prétendu devoir, avant et même après la réconciliation ; je ne dois pas dissimuler que cette influence occulte, jointe à d'autres causes également délétères, finit par nous ronger, comme ces vers qui, se nourrissant de la séve des plantes, attaquent en elles le germe de la vie; les déssèchent et les font périr.

10° *Vous saurez en même temps, etc.* — Cette réserve, inouïe dans les annales de l'Eglise, a été le sujet d'une lettre qui impressionna beaucoup le clergé et les fidèles (1). Mgr d'Icosie et son digne secrétaire ne doutaient de rien ; ils formaient à eux deux un Concile général. S'ils avaient voulu nous inspirer de l'orgueil et nous faire croire que nous étions *quelque chose*, ils n'auraient pas mieux fait que d'employer à nous détruire tous les engins connus, et d'en inventer même de nouveaux : et, si le secours du ciel leur faisait défaut, de recourir aux puissances infernales.

Flectere si nequeo superos, Acheronta movebo.

Le *Sémaphore* du 3 octobre appréciait ainsi toutes ces mesures dans l'article remarquable suivant :

« *3 Octobre 1835.*

« La presse a la mission de signaler tous les attentats à la propriété, aux lois et à la dignité humaine. Le prêtre et l'homme du monde, l'évêque et le magistrat civil qui violent les lois, la justice et les convenances sociales, doivent être marqués d'un sceau réprobateur. Il est peu dans nos habitudes d'aller explorer les vieilleries du sanctuaire ; mais lorsque des actes d'une injustice évidente nous sont connus, nous devons les dénoncer à l'indigna-

---

(1) M. l'abbé Denans, ancien proviseur du Lycée de Marseille et prédicateur distingué, dit dans la sacristie de St-Théodore : « L'Evêché ne répondra jamais à cette lettre. »

tion publique et appeler sur eux l'attention de qui de droit.....

« Trois prêtres, environnés de l'estime publique et doués de talents remarquables, ne pouvant plus supporter les vexations que les bas-officiers de l'administration ecclésiastique faisaient peser sur eux, ont résolu de se consacrer à l'éducation et à l'instruction de la jeunesse, sous la protection de l'Université de France, et avec l'autorisation du Ministre de l'Instruction Publique. Le public éclairé a vivement approuvé le Pensionnat Menpenti. L'Evêché a tremblé pour son petit Séminaire, qui lui procurait de grands revenus, malgré la mauvaise direction et la faiblesse des études de cet établissement. L'Evêché a donc résolu la perte de Menpenti. D'abord il a répandu des calomnies, ce que la morale défend à tout homme honnête. Le mépris public a fait justice de cette vengeance inspirée par la cupidité. Il a fait insérer une note hypocrite et mensongère dans la *Gazette du Midi* et la *Feuille du Commerce*. Les fondateurs de Menpenti ont eu pitié de ceux qui descendaient si bas et ont accordé à leurs ennemis la protection du silence. L'Evêché voyant ses efforts impuissants a eu recours à des moyens qui ne sont plus de notre âge. Il a appelé le 25 septembre les curés, recteurs et aumôniers de Marseille, pour leur débiter à huis clos des calomnies odieuses contre les directeurs de Menpenti et leur ordonner de ne rien négliger pour nuire à cet établissement, même de refuser l'absolution à tous les parents qui enverraient leurs enfants à Menpenti. Le clergé a trouvé en général la conduite de l'Evêché blâmable ; mais aucun prêtre n'a osé dire en présence de l'Evêque et de son Conseil que l'honneur ne permettait pas de calomnier des prêtres absents. L'Evêché a pris le silence du clergé pour une approbation ; aussi s'est-il décidé à une nouvelle mesure plus violente. Il a fait imprimer chez M. Marius Olive une circulaire distribuée clandestinement à tout le clergé, pour défendre à tout prêtre de confesser les élèves du Pensionnat Menpenti. L'Evêque seul et ses vicaires généraux, MM. Flayol, Chaix et Tempier, pourront les confesser.

« Dans notre siècle, des persécutions si misérables ne feront point de mal à Menpenti ; mais elles inspireront un dégoût profond pour les hommes revêtus des plus hautes dignités ecclésiastiques de Marseille. Nous devions signaler à l'indignation publique ce despotisme sacrilége, cet abus de la religion ; M. le Recteur de l'Académie et M. le Ministre de l'Instruction Publique doivent intervenir directement. L'empire des lois ne doit pas s'arrêter sur le seuil du palais épiscopal de Marseille. »

III

DIVERS ÉCRITS PUBLIÉS POUR ET CONTRE LE PENSIONNAT MENPENTI

Afin d'exposer, sans autres préoccupations, tout ce qui regarde l'ouverture de notre Maison, le genre de notre administration intérieure, l'organisation de nos classes et ma correspondance secrète avec MM. les vicaires généraux pour la confession des élèves, je dois en quelque sorte déblayer le terrain et transcrire ou indiquer les divers écrits qui furent publiés dans le courant du mois d'octobre ; cette polémique est une suite naturelle des efforts tentés par l'Evêché, pour provoquer notre chute, dès les premiers pas de notre course.

Indépendamment de la *Gazette du Midi*, qui nous insultait et nous calomniait, dans un style oratoire et solennel, il y avait alors un petit journal, intitulé *Feuille du Commerce*, qui, pour contenter tous les goûts, et compléter l'œuvre de sa grande sœur, avait adopté le genre comique et ordurier : on va en juger par l'article suivant du *Sémaphore,* du 6 octobre :

« *6 Octobre.*

« Hier plusieurs personnes qui ont coutume de faire des recherches scientifiques et par conséquent profondément obscures, nous ont fait remarquer un article de la *Feuille du Commerce,* dirigé contre le *Sémaphore.* Cet article qui serait passé inaperçu sans la bienveillante érudition de ces personnes, nous a rempli du plus profond étonnement. Il paraît que pendant que nous nous livrions paisiblement à nos occupations journalières, la *Feuille du Commerce* nous attaquait depuis tantôt deux mois, nous *piquait,* nous *harcelait,* sans signe de vie de notre part, c'est-à-dire sans réponse à la polémique de la feuille sus-mentionnée à laquelle d'ailleurs de mémoire de journaliste personne n'a jamais répondu.

« Il ne nous appartient pas de déroger à d'aussi vieilles coutumes. Chacun a ses prérogatives dans ce monde, nous respecterons donc les vôtres, ô *Feuille de Commerce* que vous êtes ! Nous vous permettons de nous *harceler,* de nous *piquer,* sans donner signe de vie ; bien plus, nous étalerons vos piqûres au grand jour, ô mouche du coche ! Nous montrerons au public le sang que vous nous tirez, ou en d'autres termes, nous reproduirons les platitudes que vous appelez des articles. Nous commencerons aujourd'hui cette tâche, pleine d'ineffables amusements par la reproduction de l'exorde de votre mémorable article ; de votre article de *Feuille du Commerce* du 5 octobre 1835. Voici cet article :

« Le *Sémaphore* qui faisait le mort depuis tantôt deux
« mois, que nous avions attaqué, piqué, harcelé, sans en
« obtenir signe de vie, se réveille enfin et monte *sur son*
« *grand cheval ;* le voilà, lance au poing, lui ce grand

« *détrousseur de prêtres*, qui provoque, menace et jure
« de faire reconnaître à tout passant *la beauté de sa*
« *Dame ;* je me trompe, je voulais dire l'innocence, la
« pureté, les vertus évangéliques de tous *prêtres rebelles,*
« *mondains, républicains, flétris* et dont il se déclare le
« protecteur. Ce sont les Messieurs de Menpenti qu'il
« couvre aujourd'hui de sa puissante égide. Ah ! *Séma-*
« *phore*, que tu es maladroit ; décidément tu n'entends
« rien aux *choses de la guerre ;* au lieu de placer ces
« Messieurs sur l'estrade, comme des *pagodes*, au lieu de
« veiller autour, toi, pauvre *Don Quichotte*, te promenant
« et fatiguant les airs de tes rodomontades, il fallait
« t'écrier : On pense à vous, Messieurs, on vous regarde,
« *cachez-vous vite, rentrez sous terre, vous ne pouvez que*
« *gagner à n'être pas vus*. C'était un conseil d'*ami*, mais
« maintenant on dirait que tes articles religieux ou plutôt
« impies, ne sont plus de la main de ce prêtre, tu sais
« bien, je te le nommerais, si tu le désires ; non, non, ce
« n'est pas lui qui parlait hier dans tes colonnes ; il sait
« trop bien qu'il faut se taire désormais ; et moi aussi je
« voulais les oublier, tu pouvais t'en apercevoir ; depuis
« longtemps j'étais devenu le *plus bénin*, le plus inoffensif
« des journaux ; pas le moindre petit mot contre ces
« enfants dénaturés de l'Eglise. Je me disais pourquoi
« remuer cette *boue*, laissons-les accomplir leurs *œuvres*
« *de ténèbres ;* ils sont maudits, ils tomberont ou plutôt
« ils périront comme ces plantes qui s'élèvent au-dessus
« d'une vase infecte et qui pourrissent sur pied, et je me
« taisais Franchement, je ne m'attendais pas à cette pro-
« vocation ; mais puisque tu jettes le gant, je le relève. »

« Nous espérons que la feuille en question nous fournira l'occasion de donner à nos lecteurs d'aussi agréables exemples de style et d'imagination. »

Le même numéro du 6 octobre contenait la lettre suivante d'un père de famille (1), précédée de quelques observations du rédacteur :

« *6 Octobre.*

« Il se passe en ce moment un fait qui soulève à un haut degré l'attention des hommes graves. L'autorité religieuse lutte contre des hommes tirés de son sein et veut les empêcher de se livrer à l'éducation publique ; d'un autre côté ces mêmes hommes font tous leurs efforts pour sortir d'une lutte où leur position de prêtres ne leur permet pas d'user de tous leurs avantages.

« Nous avons les premiers signalé au public cette situation anormale ; nous l'avons fait avec la conviction que nous remplissions un devoir, que nous défendions une liberté, celle de l'instruction publique. Maintenant si la polémique s'agrandit, si les faits avancés de part et d'autre sortent de notre domaine, pour entrer dans celui de la justice, nous attendrons avec confiance un arrêt, qui ne peut manquer de faire cesser l'abus épiscopal dont nous avons dénoncé la gravité.

« Nous avons cru devoir donner une place à part dans notre feuille à cette affaire, parce que les articles d'aujourd'hui sont tout-à-fait étrangers à la rédaction habituelle du journal. Un père de famille a cru devoir prendre la défense du Pensionnat Menpenti ; nous ne pouvions lui

---

(1) Le père de famille en question est feu M. Rolland, un des avocats les plus en vogue de ce temps-là ; il avait une maison de campagne au Rouet, à un quart d'heure de Menpenti ; il est donc tout naturel qu'il eût confié ses deux fils à mes associés, dès leur arrivée à l'établissement. Il est bien entendu que nous ne prîmes pas sous notre responsabilité toutes les appréciations de notre spirituel défenseur, qui, étant un homme du monde, a pu en tenir le langage : la *Gazette* a donc eu tort de nous en faire un crime. Au reste j'ai cru devoir, en reproduisant cette lettre, en adoucir quelques expressions.

refuser l'insertion de sa note, quoiqu'elle sorte de la polémique ordinaire de notre feuille. Les directeurs de Menpenti nous ont aussi adressé quelques lignes d'explications ; nous avons dû les accueillir parce que leur cause nous a paru juste et bonne. »

Lettre de M. R***, avocat :

« *Marseille, le 5 Octobre 1835.*

« Je suis l'un de ces pères infortunés, que la passion égare ! J'ai confié mes deux enfants aux Messieurs de Menpenti et crois n'avoir jamais à m'en repentir. Cependant quelque ferme que soit ma croyance, je lis dans la *Feuille du Commerce* un article tellement virulent contre cet établissement, que j'ai cru ne pas devoir me taire, lors surtout que je connais aussi l'article que vous avez inséré dans l'un de vos derniers numéros.

« D'où peut provenir, me suis-je dit, ce déchaînement de rage contre des hommes qui, il y a peu de temps encore, étaient chargés de l'instruction au petit Séminaire ? Comment ont-ils pu tous les trois et si vite, encourir la haine de l'Evêché ? Alors je me suis rappelé la manière *brutale* avec laquelle l'un de ces trois Messieurs de Menpenti avait été accueilli par un simulacre d'Evêque, qui heureusement n'est plus dans nos murs. Je me suis rappelé que ces trois Messieurs de Menpenti avaient été obligés de quitter le Séminaire, parce que leurs observations furent mal reçues, sur la manière dont on y nourrissait et instruisait les enfants. Je me suis rappelé qu'au sein du Conseil de l'Evêché siégeaient des hommes qui ne rêvaient que le *Saint-Office,* des hommes qui naguère avaient ruiné un établissement de demoiselles et fait expulser du collège un professeur parce qu'il était protestant, etc.

« Toutes ces choses m'étant revenues à la mémoire, j'ai commencé à croire que dans ces dernières diatribes l'Evêché n'était pas mû par un sentiment de charité chrétienne ni par sollicitude pour les jeunes enfants, mais par un esprit de haine, de jalousie et d'intérêt surtout. Et alors voulant expliquer ces trois passions hideuses (dont soit dit en passant, je ne rejette pas le blâme sur notre respectable Evêque, mais uniquement sur ses conseillers) j'ai dit, il y a haine, parce qu'on voit avec peine que des prêtres, sortant de l'ornière, veulent faire marcher de front la morale religieuse avec les institutions de l'époque ; qu'ils veulent enseigner à leurs élèves à être hommes et honnêtes citoyens, qu'ils leur enseignent la sainte et noble morale de l'Evangile, dans toute sa noble simplicité, qu'ils leur apprennent que si la religion est de toute nécessité, *elle ne doit pas cependant se placer au-dessus du pouvoir temporel, que ses ministres n'ont que trop de tendance à envahir,* qu'ils leur apprennent à respecter le pouvoir établi et non point à conspirer dans les sacristies, etc., etc. *Inde iræ.* Quant à la question d'intérêt, je me la suis tout aussi facilement expliquée ; le petit Séminaire comptait plus de 200 élèves ; trois professeurs éclairés s'en éloignent, nécessairement il y aura préjudice pour cet établissement : il faut donc ruiner celui qui veut le supplanter ou tout au moins le rivaliser.

« Ces deux points établis, ma conviction n'en a été que plus ferme, et j'ai reconnu que tout ce dévergondage de paroles employé par la *Feuille du Commerce*, sortait d'une tête imbue de méchanceté et de sottises, et que ce langage n'était que celui de la passion délirante ; et alors on n'est plus étonné des mesures employées par l'Evêché. Des imbéciles, viles machines montées au diapason de leurs Baziles, vont de maison en maison souffler la calomnie contre les Messieurs de Menpenti ; ce sont des rebelles, des prêtres flétris, et par qui ?... *Risum teneatis.*

« Mais ce sont des républicains ; eh ! pauvres gens, votre royaume n'est pas de ce monde ; occupez-vous de votre métier et non des opinions politiques ; laissez à l'autorité le soin de réprimer leur républicanisme, s'il y en a, et ne vous mêlez que de la pratique des vertus chrétiennes. Mais il paraît que ce dernier point vous est tout-à-fait étranger. Car y a-t-il charité chez vous qui diffamez et calomniez et par paroles et par écrits? Votre circulaire aux prêtres pour leur défendre de confesser les élèves de Menpenti en est la preuve. On dit même que vous avez écrit à divers évêques pour mettre au loin à l'index l'établissement de Menpenti. Heureusement que vous ne pouvez pas être juge dans votre propre cause, et que l'opinion, je ne dis pas de vos adhérents et de vos dupes encore trop nombreux, mais des personnes sages et éclairées, amies de l'ordre et de la vraie religion, fera justice de vos sales déclamations et en appréciera les motifs à leur juste valeur. »

D'autre part la *Gazette* avait inséré le 6 octobre l'article suivant :

« On se rappelle avec quelle violence, avec quel renfort d'injures un journal révolutionnaire de cette ville attaqua naguère, pendant plusieurs mois, notre vénérable Evêque et les membres de son administration. Nous fûmes souvent alors sur le point d'entrer en lice et de rendre aux calomniateurs les coups que sous un masque impie ils ne craignaient pas de porter à leur père. Le succès n'eût été ni douteux ni difficile ; nous serions allés chercher les rédacteurs improvisés derrière le journal où ils se cachaient, nous aurions dit des faits, des noms, et c'était assez pour couper court à toute polémique. Si nous ne l'avons point fait, si, pour nous servir d'une expression empruntée aux articles du *Sémaphore*, nous avons *protégé de notre silence* les auteurs de ses déplorables attaques, c'est que, dans sa charité et sa longanimité paternelle, Monseigneur nous fit inviter alors à nous abstenir de toute lutte. Le saint vieillard aimait mieux tout souffrir que de voir le scandale s'augmenter par la révélation de certains faits.

« Nous nous abstînmes. Le choléra vint pour la seconde fois envahir la cité : le bon pasteur se dévoua pour le salut de son peuple. Il venait de s'offrir en victime expiatoire, lorsqu'un événement imprévu le rendit tout-à-coup l'objet du plus éclatant triomphe. Il n'y eut plus pour lui dans toute la ville que des transports d'amour ; l'enthousiasme, l'explosion des sentiments publics allèrent jusqu'au délire, et la voix du peuple qui, dans ce moment, fut plus que jamais la voix de Dieu, s'éleva grande et solennelle pour répondre par des acclamations aux cris impuissants de la calomnie.

« Depuis ce jour mémorable, les accusateurs se tenaient dans l'ombre ; le silence leur convenait, mais ils n'ont pas eu le bon esprit de le garder toujours. Avant-hier un nouvel article a paru dans le journal favori : les rédacteurs auxiliaires du *Sémaphore* attaquent de nouveau leur Évêque ; ils veulent, disent-ils, le flétrir, le marquer d'un sceau réprobateur ! Et qui sont donc ceux qui outragent ainsi la triple dignité de l'épiscopat, de l'âge et de la vertu ? Si nous n'écoutions qu'une indignation trop juste, nous déchirerions le voile, et l'on verrait alors où la haine et le dépit peuvent amener des hommes.

« Mais, enfin, de quoi se plaint le *Sémaphore*, puisque c'est à lui seul que nous devons parler ? D'une note qui fut insérée dans notre journal de la part de Monseigneur, et où il était dit *que la responsabilité spirituelle de ce prélat, comme pasteur des âmes, l'obligeait de déclarer publiquement qu'il ne saurait couvrir de son autorité les résultats de l'éducation qu'on donnerait dans le pensionnat Menpenti.* On s'y plaint de ce qu'il a appelé, *le 25 septembre, les curés, recteurs et aumôniers de Marseille, pour leur débiter,* dit-on, *à huis clos, des calomnies odieuses contre les directeurs de cet établissement;* enfin, de ce qu'il a adressé une circulaire à son clergé pour lui faire savoir qu'il se réservait, à lui et à ses vicaires généraux, le pouvoir d'entendre les confessions des élèves de *Menpenti*.

« Nous avons sous les yeux cette circulaire, et nous y lisons :

« N'est-ce pas assez que nous ayons découvert en
« particulier notre peine à la presque totalité des membres
« les plus marquants de notre clergé, et qu'ils aient
« unanimement jugé de la même manière que nous une
« question déplorable ? Nous avons annoncé naguère que
« notre lettre du 12 août aux directeurs de la maison dont
« il s'agit, éclairerait, si elle était publiée, toute la question ;
« mais nous ne devons pas publier cette lettre, et néan-
« moins des motifs de la nature la plus grave nous
« commandent d'avertir ceux qui ont besoin d'être aver-
« tis, etc. »

« Eh bien ! rédacteurs auxiliaires du *Sémaphore*, si, comme vous ne craignez pas de le dire, c'est là *une vengeance inspirée par la cupidité*, si les communications faites par Monseigneur aux membres les plus marquants de son clergé ne sont que *d'odieuses calomnies*, si les preuves qui ont porté plusieurs curés de Marseille, et les plus vénérés de tous, à exprimer leur approbation avec une énergie digne de leur vertu, dites, pourquoi ne faites-vous pas publier dans les colonnes de votre journal cette lettre du 12 août, rappelée dans la note précitée et dans la circulaire, et qui *éclairerait toute cette question* ? Direz-vous qu'elle renferme des allégations peu flatteuses ? — Mais votre réponse en fera raison. — Que les faits sont dénués de preuves ? — Nous savons que les preuves se trouvent dans la lettre, et si elles ne sont pas convaincantes, il vous sera d'autant plus facile de les réduire au néant. Au nom de l'honneur et de la vérité, Marseille vous somme, Messieurs, de publier cette lettre et de la publier tout entière. Allons, courage ! Il y va de savoir si votre Evêque a eu des raisons suffisantes de prendre une mesure aussi grave que celle de la circulaire, qui, nous le reconnaissons, est un acte d'autorité des plus significatifs. »

Réponse du *Sémaphore*, le 7 Octobre :

« La *Gazette du Midi* dans un article où se trouvent réunies les injures les plus grossières et l'escobarderie mielleuse habituelle à sa rédaction, nous accuse d'avoir attaqué l'Evêque de Marseille. Voici le paragraphe où il est question de cette lutte contre Mgr de Mazenod :

« On se rappelle avec quelle violence, etc. » « par la révélation de certains faits, etc. » Nous répondrons à la *Gazette* qu'il n'a jamais été question dans notre feuille de l'Evêque qu'avec tous les ménagements et tout le respect dûs à son âge ; tout notre blâme a été pour Mgr d'Icosie dont l'administration illégale a soulevé de nombreuses et vives réclamations. Aujourd'hui, comme toujours, la cause que nous soutenons n'a aucun but caché d'attaque contre la religion et ses ministres. Nous nous plaignons d'un abus qui n'a de religieux que les personnes qui l'ont commis, et nous en demandons le redressement à l'autorité compétente. Dans tout ceci, il n'y a pour nous ni prêtres ni religion, mais seulement une loi qu'on viole, un droit auquel on veut porter atteinte.

« Le paragraphe que nous venons de citer, au milieu de ses diatribes platement renouvelées de la *Feuille du Commerce*, contient un aveu dont nous prenons acte. Lorsque la *Gazette* n'a pas répondu à nos articles, c'est que *Monseigneur la fit inviter alors à s'abstenir de toute lutte*. Celui qui ordonne la défense, peut aussi dans certaines occasions commander l'attaque. C'est là une indication importante et que nous livrons aux sages réflexions du public.

« Du reste peu nous importent les imputations erronées de la *Gazette*, le public sait fort bien à quoi s'en tenir sur notre polémique ; nous respecterons les personnes, comme nous l'avons toujours fait ; mais nous signalerons l'immoralité partout où nous la rencontrerons, avec cette énergique persévérance que nous donne la satisfaction d'un devoir accompli. »

La *Gazette*, sommée par huissier d'insérer nos déclarations du 6 octobre, les fait précéder et suivre des considérations suivantes :

« Les Directeurs de ce Pensionnat-Menpenti dont la fondation et l'existence ont inspiré à des rédacteurs auxiliaires du *Sémaphore* tant de diatribes contre l'évêché, nous somment par huissier d'insérer la pièce suivante ; nous avons dû nous laisser forcer la main, pour que nul ne pût douter de la répugnance que nous inspire une polémique affligeante par elle-même, mais qu'on n'ose plus qualifier, quand on sait comme nous de quel caractère est revêtu celui qui a publié les articles du *Sémaphore* sous la garantie d'un protestant devenu saint-simonien :

« PENSIONNAT-MENPENTI.

« Les Directeurs de la Maison Menpenti ont appris avec
« étonnement les dernières mesures que l'administration
« épiscopale a cru devoir prendre pour essayer de
« détruire leur établissement ; ils ne se défendront pas
« en descendant jusqu'à cette polémique qui ne vit que
« de diffamation et de scandale ; lorsque le monde pro-
« fane la repousse, le clergé catholique ne rougirait-il
« pas de l'adopter ? Toutefois il leur paraît nécessaire,
« pour cette fois seulement, de protester contre tant de
« violences et de déclarer hautement que le silence
« auquel ils se sont soumis et qu'ils s'imposeront de
« nouveau, pour faire plus efficacement l'œuvre de Dieu,
« n'est point une preuve de culpabilité ou d'impuissance ;

« ils laissent aux familles religieuses qui les honorent de
« leur confiance, le soin de dénoncer à qui de droit tout
« ce que ces mesures renferment d'odieux, d'étranger à
« nos mœurs, de condamnable selon les lois de l'Etat, de
« contraire aux lois évangéliques, et d'opposé aux coutu-
« mes de l'Eglise catholique. La question personnelle qui
« les concerne sera bientôt portée devant un tribunal
« impartial dont les décisions fixeront les incertitudes des
« pères de famille, s'il peut en exister encore ; ils gémis-
« sent, et la saine partie du clergé de Marseille gémit
« avec eux, de la cruelle nécessité dans laquelle ils se
« trouvent d'attrister la vieillesse d'un prélat vénérable,
« pour défendre leur honneur et leur dignité sacerdotale;
« mais c'est un devoir pour eux, ils sauront l'accomplir ;
« alors on jugera les motifs qui ont déterminé leur sortie
« du petit Séminaire, on appréciera la pureté des inten-
« tions qui les ont dirigés dans l'établissement de leur
« maison d'éducation ; on connaîtra toutes les démarches
« qu'ils ont faites auprès de l'évêché pour lui donner une
« preuve d'une soumission *qui n'a jamais souffert aucune*
« *atteinte*. Que l'administration épiscopale se présente à
« ce tribunal avec tous ses moyens d'accusation, les
« Directeurs de Menpenti s'y présenteront aussi avec
« leurs moyens de défense ; cette voie, indiquée par les
« hommes d'honneur et de conscience, sera honorable
« pour les accusateurs en même temps qu'elle sera
« regardée comme une garantie pour les accusés. En
« attendant, ils ne croient pas devoir différer davantage
« de témoigner publiquement leur mépris et leur juste
« indignation contre ces hommes que Dieu n'inspire pas,
« qui ont osé élever des doutes sur leurs croyances reli-
« gieuses ; ils en appellent de cette accusation et de toutes
« les autres sans crainte et sans remords, au jugement
« du *Père Céleste qui sonde les cœurs et les reins.* »

« *P. S.* — L'Evêque de Marseille ne peut point canoni-
« quement interdire au curé de la paroisse la confession

« des élèves ; d'ailleurs, si l'administration épiscopale en
« venait à ce point d'aveuglement, justice serait bientôt
« faite de ce nouvel abus de pouvoir. Quoi qu'il advienne,
« les Directeurs de Menpenti prennent l'engagement de
« faire confesser *régulièrement* leurs élèves, nonobstant
« toutes les entraves que l'on pourra mettre à l'accom-
« plissement de ce devoir. »

« *N. P. S.* — Au moment de livrer à l'impression
« notre lettre, nous lisons dans la *Feuille du Commerce*
« un ramassis de diatribes que les hommes qui se res-
« pectent ne sauraient écrire ; en attendant de dénoncer
« aux tribunaux ces imputations dégoûtantes, qui ont
« besoin d'être flétries par un jugement (car il n'y a
« qu'un jugement qui flétrit ; des actes d'animosité, de
« passion et de despotisme n'ont jamais flétri personne)
« nous donnerons aux parents qui nous confient leurs
« enfants toutes les explications qu'ils désireront, sur
« notre conduite. que nous n'hésiterons pas à mettre en
« face de celle de nos accusateurs. »

« Suivent quelques lignes dirigées contre la *Feuille du Commerce,* que MM. les Directeurs de Menpenti menacent d'un procès ; nous n'insérons point ces lignes parce qu'elles sont injurieuses pour un journal auquel nous devons d'autant plus d'égards, qu'il a répudié les doctrines que longtemps il défendit comme nous.

« Maintenant que nous avons satisfait à la loi, il nous sera permis sans doute de dire notre opinion sur le fond même de la querelle si perfidement exploitée par le rédacteur auxiliaire du *Sémaphore*. Cette opinion la voici ·

« Le *Sémaphore* s'est plaint de la violence dont les Directeurs de Menpenti ont été, disent-ils, les victimes de la part de l'administration ecclésiastique. Lorsque des hommes revêtus d'un caractère qui leur impose l'obligation de donner l'exemple du respect et de l'obéissance envers leurs supérieurs, laissent porter et portent eux-mêmes une telle accusation devant l'opinion publique ; lorsqu'ils reconnaissent le *Sémaphore* comme leur journal, et ne désavouent pas les articles violents que cette feuille a publiés pour eux et par lesquels elle a provoqué la discussion de leur position actuelle, c'est apparemment que ces hommes ne récusent pas le tribunal de l'opinion publique ; dès lors comment se fait-il que les Directeurs de Menpenti se refusent, malgré la sommation faite, à produire cette lettre du 12 août où sont énoncés tous les motifs de la mesure qui leur fait jeter les hauts cris ? Il n'y a pas moyen de faire prendre le change : il faut ou que cette lettre soit publiée, ou qu'il soit reconnu que la circulaire de l'Evêque de Marseille à son clergé est fondée sur des raisons qui la justifient pleinement.

« Vous dites que vous vous adressez à un tribunal compétent ; mais le public, devant lequel votre affaire a été portée par vos amis ou par vous-mêmes, est un tribunal compétent que nul ne songe à décliner. Instruisez donc ce public, instruisez les pères de famille, livrez-leur toutes les pièces du procès ; ne laissez pas tant de gens dans l'anxiété et votre honneur en compromis ; il y a urgence, un plus long délai vous serait funeste.

« Et, d'ailleurs, quel est ce tribunal compétent pour casser les actes de l'autorité spirituelle ? le métropolitain ? Mais le métropolitain doit prononcer en personne, et il ne sera sur son siège que dans quelques mois ; le Pape ? mais vous savez comment Sa Sainteté a fait répondre au curé des Aygalades, dans une affaire qui, bien plus que la vôtre, semblait réclamer un jugement ; la voici cette réponse : RECURRAT AD PROPRIUM EPISCOPUM (qu'il s'adresse à son propre évêque). Un d'entre vous, Messieurs, qui a voulu, lui aussi, porter plainte à Rome, n'a-t-il pas reçu la même réponse ?

« Il n'y a donc rien à espérer pour vous du côté du Saint-Siége ; vous n'avez guère plus à attendre du côté du métropolitain, qui n'a pas à statuer dans une question de ce genre. C'est au seul évêque diocésain qu'il appartient de départir la juridiction des confesseurs et d'en déterminer l'étendue et la mesure ; il règle dans sa sagesse quels sont les *cas réservés* de son diocèse, et ce droit est sans appel.

« Vous osez dire, dans la pièce signifiée par huissier, que malgré la circulaire dont, pour plus d'authenticité, chaque exemplaire porte la signature de votre Evêque, chaque curé a le droit de confesser vos élèves ; eh bien ! que l'on consulte les curés et que l'on voie s'il en est un seul qui veuille mettre en pratique votre principe ; vous n'en trouverez point qui consente à trahir pour vous son devoir et à faire acte de révolte. D'ailleurs, tous dans ce diocèse, et vous le savez bien, partagent sur la circulaire et sur l'affaire en général, l'opinion de leur Evêque ; comment pourriez-vous en trouver un de connivence avec vous ?

« Vous prenez devant les pères de famille l'engagement de faire confesser leurs enfants ? et par qui ? par un prêtre révolté contre la discipline sacerdotale, par un schismatique ? Mais ces enfants que vous menacez de cet étrange confesseur, appartiennent à des familles catholiques qui reconnaissent l'autorité des pasteurs légitimes de l'Eglise ; elles ne voudraient pas d'un nouveau Châtel qui surgirait là tout exprès pour s'emparer de ces consciences encore innocentes et les égarer. Sans doute, nous aimons à le croire, telle n'est pas votre intention ; mais, dès lors, vous n'avez plus dans le diocèse de Marseille d'autres confesseurs pour vos élèves que Mgr l'Evêque et ses vicaires généraux... Vous irez là !... C'est bien ; on vous y attend.

« Dans un article que le *Sémaphore* a joint à votre déclaration, un de vos défenseurs suppose que la menace contre laquelle vous vous élevez, a pour motif « votre « éducation selon le siècle, votre haine et votre mépris « pour les anciens errements, votre dédain pour le vieux

« clergé, votre antipathie contre les jésuites et le jésui-
« tisme, et enfin vos principes libéraux. » Si ce n'est là le
texte, c'est au moins le sens, et là-dessus invectives et
grosses injures. Libre à vous, Messieurs, d'adopter cette
défense. Nous répondrons seulement, parce que nous le
savons avec certitude, qu'il n'est pas le moins du monde
question de tout cela dans cette lettre du 12 août où sont
exposés tous les motifs qui ont dicté la mesure épiscopale,
cette lettre dont la ville de Marseille attend avec impatience
la publication. Nous vous engageons à ne pas la faire
attendre trop longtemps : l'honneur et la vérité vous en
font une loi ; livrez donc cette pièce, une fois pour
toutes ! »

Nous crûmes devoir faire cette réplique collective qui
parut dans le *Sémaphore* du 9 octobre :

« La *Gazette* nous somme pour la seconde fois, au nom
de tout le peuple marseillais, qu'elle ne représente pas
assurément dans cette affaire, de faire imprimer la lettre
du 12 août. Puisque les *rédacteurs improvisés* de la
Gazette ont une foi si ardente à toutes les accusations qui
sont contenues dans cette lettre, nous ne concevons pas
pourquoi elle n'a pas encore figuré dans ses colonnes.
Quant à nous, veut-on savoir les motifs de notre réserve ?
Prêtres et fidèles de la ville de Marseille, écoutez : est-il
permis de publier un écrit aussi dégoûtant que celui de
la *Feuille du Commerce* et signé : *Charles Fortuné, évêque de Marseille ?* Nous ne le pensons pas. Nous avons
pour la dignité épiscopale plus de vénération que ces
jeunes prêtres qui couvrent d'un manteau sacré leur
animosité personnelle.

« Au reste que la pieuse *Gazette* et ses charitables
coopérateurs aient un peu de patience ; cette lettre sera
présentée aux tribunaux ; et après le jugement nous
dévoilerons enfin tout ce qui se passait dans le petit

Séminaire, sous la dernière administration. Dieu et toute la ville de Marseille nous sont témoins que nous n'avons point engagé la lutte ; le scandale, quelque horrible qu'il soit, ne tombera pas sur nos têtes. Telle est notre réponse pour le moment ; la *Gazette* n'en aura pas d'autre, quelque incessantes que soient ses attaques, jusqu'après l'arrêt des tribunaux ; alors nous accepterons tous les défis et nous la sommerons de nous suivre sur une arène où elle ne paraitra pas. (1). »

Pourquoi n'avons-nous pas réalisé la menace des tribunaux, que nous faisions si souvent? Je ne puis pas aujourd'hui me l'expliquer ; nous aurions eu certainement gain de cause, puisque la diffamation, sinon par la lettre du 12 août qui était secrète, mais par la circulaire et les écrits publics, étaient incontestable. Il est vrai que nous avions alors, parmi les pères de famille, des hommes méticuleux, raisonneurs, qui s'étaient imposés à nous, comme conseillers, et dont les avis, dans la position critique où nous étions, devaient être pour nous des ordres. Aussi avons-nous rarement répondu à la *Gazette* et nous avons presque toujours laissé la parole aux rédacteurs du *Sémaphore ;* nous avons ainsi vécu sous cette tutelle pendant presque toute l'année.

Dans notre réplique collective, nous passâmes sous silence la partie la plus saillante de l'article du 8 octobre et nous laissâmes sans réponse l'article que publia la *Gazette* le 10 octobre pour achever de vomir ce qui lui restait sur le cœur, contre notre déclaration qu'elle avait insérée par le ministère d'un huissier.

Il ne faut pas que l'on perde de vue que le *rédacteur improvisé* de la *Gazette* était M. l'abbé Jeancard, qui vient de mourir évêque *in partibus ;* quant à la *Feuille*

---

(1) C'est ce qui est arrivé en 1836-37.

du Commerce, dont je n'ai pu recueillir qu'un seul article, malgré toutes mes recherches, j'ai toujours soupçonné qu'un ecclésiastique, familier de l'abbé Bicheron, lui avait prêté sa coopération dans cette œuvre diffamatoire ; mais je ne me permets pas d'en dire le nom, parce que je n'ai pas la certitude du fait.

« *10 Octobre.*

« Pour quiconque a pu lire les diatribes publiées contre l'évêché de Marseille dans les colonnes du *Sémaphore*, et que les Directeurs du Pensionnat-Menpenti ont hautement avouées, c'est quelque chose de très-édifiant, sans contredit, que d'entendre ces Messieurs nous déclarer par voie d'huissier qu'ils *ne veulent pas se défendre en descendant à une polémique qui ne vit que de diffamation et de scandale*. C'est, en vérité, s'y prendre un peu tard. Ont-ils donc oublié que depuis six mois le scandale et la diffamation font vivre la polémique de leurs amis ? et le silence ne serait-il nécessaire ou convenable que quand on les somme de publier cette lettre du 12 août où sont reproduits tous les faits qui ont décidé la conviction des curés de Marseille, et qui dévoilerait toute la question à la conscience de la population ?

« Des prêtres qui rougiraient d'une polémique scandaleuse et diffamatoire, sont-ils bien recevables, eux si modestes, si ennemis de tout ce qui peut affliger les cœurs religieux, à qualifier officiellement les mesures prises par leur évêque, d'actes de *violence* renfermant des choses *odieuses et condamnables selon les lois de l'Etat*, contraires aux lois évangéliques et opposées aux coutumes de l'Eglise catholique ? N'est-ce pas là une censure amère autant que scandaleuse et diffamatoire de l'autorité que Dieu a confiée aux pasteurs de l'Eglise ? Est-ce là le respect qu'ils professent pour *la vieillesse de leur vénérable Evêque ?* Est-ce là cette *soumission qui n'a jamais souf-*

fert aucune atteinte? Vous verrez qu'il n'y a d'*odieux* que ce qu'on se permet de dire sur ces Messieurs avec des ménagements infinis, et que ce qu'ils écrivent sans aucune espèce de ménagement contre un saint vieillard, leur pasteur et leur père, est édifiant autant que juste. La défense eût-elle été moins réelle, quand elle aurait adopté le ton qui convient à des prêtres parlant à leur évêque, au lieu de descendre à des assertions injurieuses, dénuées de preuves et qui n'avaient d'autre but que de porter atteinte à une autorité à laquelle les Directeurs de Menpenti sont personnellement si redevables? N'est-il pas vrai que, de ces Messieurs, deux, étrangers au diocèse, y ont été accueillis avec une bonté paternelle dans des circonstances critiques pour eux, et que le troisième y a été traité longtemps avec des égards et des ménagements plus que généreux ?

« Les Directeurs de Menpenti parlent des démarches qu'ils ont faites auprès de l'évêché. Oui, ils ont écrit à Monseigneur une lettre qu'après leur précédente conduite et les outrages de leur journal, ce prélat ne put s'empêcher de regarder comme une dérision sanglante ; et il répondit en relevant ce qu'il vit de déplacé dans cette pièce, en leur administrant avec preuves les motifs de son opinion. Les Directeurs ont-ils répliqué, ont-ils essayé une justification devenue si nécessaire? Non, ils se sont tus, comme aujourd'hui encore ils se taisent, sur cette réponse du 12 août, dont le public leur demande communication ; ils n'ont pas cherché le moins du monde à persuader de leur innocence celui qui était, qui est encore leur juge ; ils ont poursuivi leur œuvre, et les avis salutaires que leur donnait leur pasteur ont été perdus. Oh ! que du moins ils ne le soient pas pour les pères de familles, auxquels leur devoir et leur intérêt le plus cher font une loi de connaître enfin la vérité tout entière !

« Messieurs de Menpenti parlent de *mépris* et *d'indignation;* cela est très-fier, sans contredit, mais ne prouve pas grand'chose ; les accusés en seraient quittes à trop bon compte si une phrase hautaine suffisait à leur acquittement. Il n'a été donné qu'à un seul homme de dire à ses juges : *Montons au Capitole et allons remercier les Dieux*. Vous êtes accusés, l'acte d'accusation est dans vos mains ; si vous n'y répondez point, vos fières paroles sont un scandale de plus.

« Vous vous plaignez de ce que *l'on a élevé des doutes sur vos croyances religieuses*. Nous n'avons pas mission de les juger, mais vous savez tout comme nous qu'il ne s'agit nullement de *croyances* religieuses ou politiques dans cette lettre du 12 août, où, nous le répétons, vous avez lu l'énoncé et la justification des motifs qui ont dicté la mesure prise à votre égard. N'espérez donc pas faire illusion au public ; publiez la lettre, répondez-y victorieusement, ou passez condamnation.

« Vous déclarez *appeler sans crainte et sans remords* de toutes les accusations portées contre vous au *jugement du Père Céleste qui sonde les cœurs et les reins*. Ce jugement, Messieurs, est rendu déjà ; et puisse la miséricorde divine le révoquer bientôt en faveur du repentir ! Mais ce n'est pas là ce qui importe le plus aux pères de famille : l'éducation de leurs enfants ne se fera pas après cette vie, et c'est un jugement pour le temps présent que leur sollicitude a besoin de porter. Pour appeler avec honneur à la justice divine, il faut, au préalable, avoir donné aux hommes la preuve irrécusable de son innocence ; autrement, ces paroles que l'homme *sans remords* ne prononce pas toujours *sans crainte* ne sont qu'une inutile bravade. J.-J. Rousseau, dans le livre où, de sa propre main, il a consigné sa déplorable vie, ne craignit pas de dire à Dieu : *Que chacun de mes semblables découvre à son tour son cœur auprès de ton trône avec la même sincérité, et puis qu'un seul ose te dire : Je fus meilleur que cet homme-là !*

« Or on le sait, malgré les prestiges de l'éloquence,

cette apostrophe, sublime d'orgueil, n'a fait absoudre Rousseau ni par la religion ni par la postérité. »

Les Directeurs auraient pu compléter leur réplique du commentaire suivant à vol d'oiseau, des articles 5, 8 et 10 octobre de la *Gazette* :

5 Octobre.

On se rappelle avec quelle violence ce journal attaqua notre vénérable Evêque, etc. — La pieuse *Gazette* abuse étrangement de la confiance de ses lecteurs, lorsqu'elle se permet cette perfide assertion. Le *Sémaphore* tout en livrant à l'indignation publique les excès révoltants de l'administration épiscopale, a toujours respecté les qualités personnelles et le caractère sacré du saint vieillard.

Nous fûmes sur le point d'entrer en lice, etc. — La *Gazette* est toujours entrée en lice, en faveur de ceux qui soldent son enthousiasme ; elle n'a jamais reculé devant la coopération de sa plume vénale ; la réserve dont elle se vante est une pure illusion ou plutôt une feinte volontaire ; n'a-t-elle pas en effet toujours inséré tout ce qu'on lui a présenté contre notre établissement ?

Le succès n'eut été ni douteux ni difficile, etc. — La *Gazette* fait ici sans doute allusion aux débats scandaleux qui ont affligé l'Eglise de Marseille pendant le mois de Mai. Or il ne s'agissait point encore alors de l'établissement Menpenti. Si ma mémoire est fidèle, les outrages commis contre la dignité sacerdotale dans la personne d'un prêtre occupaient tous les esprits ; ce prêtre a déclaré plusieurs fois qu'il était complètement étranger à la rédaction du *Sémaphore* et sa réponse à M. l'abbé Olive n'a été qu'une justification, provoquée par les assertions inexactes qu'on avait suggérées à celui-ci ; les âmes honnêtes et vraiment religieuses s'intéressent vivement à l'honneur d'autres prêtres, qu'un supérieur inhabile avait sacrifiés à sa politique ombrageuse; on flétrissait d'une voix unanime cet esprit sordide qui dirigeait l'administration du petit Séminaire ; on prononçait même contre cette Maison de sinistres oracles que l'événement a vérifiés.

Ce sont là les faits que la *Gazette* aurait révélés ! Mais on ne révèle pas ce qui est public, ou bien, puisqu'elle affirme que par certaines révélations *elle aurait coupé court a toute polémique,* aurait-elle une connaissance plus étendue de nos affaires? Pourquoi ne le fait-elle pas aujourd'hui? Lorsqu'on se permet de faire peser sur trois prêtres, sans distinction, des accusations vagues qui les diffament, on ne doit pas se faire scrupule en laissant les généralités de spécifier les griefs ; qu'elle parle clairement ; l'honneur même exige qu'elle cesse de s'envelopper de ces paroles mystérieuses qui ne font que révolter la conscience publique, au lieu de l'éclairer.

Nous serions allés chercher les rédacteurs improvisés derrière le journal, etc. — Voudriez-vous insinuer, Monsieur le Rédacteur, que les Directeurs de Menpenti ont rédigé tous les articles qui ont paru depuis six mois dans le *Sémaphore?* Détrompez-vous ; nous ne sommes pas journalistes, et nous pensons qu'un prêtre est appelé en ce monde à de plus nobles fonctions ; nous sommes fiers de ne pas suivre sur cette question les errements de l'évêché ; personne n'ignore que Mgr d'Icosie et ces jeunes prêtres qui lui doivent leur éducation, ont depuis quelque temps cette tendance ; s'il faut ajouter foi à l'opinion publique, deux prêtres qui jouissent de la confiance de l'Evêque, dirigeraient la rédaction de la *Feuille du Commerce.*

Que la *Gazette* s'épargne désormais toute recherche et qu'elle sache qu'il n'est pas dans nos habitudes de nous couvrir de la responsabilité d'un journaliste. Ainsi lorsque un devoir impérieux nous oblige d'emprunter la voie des journaux, on trouve toujours notre nom au bas de la page, sans qu'il soit nécessaire de le chercher.

Le saint vieillard aimait mieux tout souffrir, etc. — Me serait-il permis de demander à la *Gazette* les motifs qui ont déterminé dans le saint vieillard ce changement de résolution et de conduite? Ce qui était scandaleux et criminel au mois de mai, serait-il devenu méritoire au mois de septembre? Mais tout le monde sait que le saint vieillard n'est pour rien dans cette polémique de plume; je souhaite qu'il n'en ait pas la responsabilité.

Le choléra vint pour la seconde fois, etc. — On ne s'attendait guère à voir le choléra dans cette affaire. Je craignais à la première lecture que la *Gazette* n'allât nous traiter d'empoisonneurs; mais non : l'accusation est plus grave : nous résistons à la voix de Dieu, qui s'est déclarée par la voix unanime du peuple. Croyez-vous bien, M. le Rédacteur, que l'enthousiasme du peuple marseillais dans ce jour solennel, était inspiré uniquement par la vénération qu'on doit au caractère personnel de l'Evêque? Ne serait-il pas plus chrétien d'attribuer cet admirable incident à l'empire des sentiments religieux, dont l'Evêque, quel qu'il soit, est le principal représentant? Ce triomphe est honorable sans doute et pour la ville de Marseille et pour l'Evêque; mais vouloir l'exploiter en faveur de toutes les mesures que se permet l'administration, ce serait, à mon avis, faire acte d'un souverain orgueil et abuser sacrilégement des grâces célestes.

Un nouvel article a paru, etc. — Encore une fois, M. le Rédacteur, nous n'avons pas de journal favori; nous laissons ce privilège aux Jeancard et aux Bicheron; nous ne voulons flétrir personne, encore moins l'Evêque. La ville de Marseille nous est témoin que nous n'avons pas engagé la lutte et que nous ne faisons que repousser les coups que nous portent d'injustes adversaires. Ainsi déchirez le voile, quand vous voudrez; nous désirons, nous osons le dire, plus qu'eux, cette apocalypse.

De quoi se plaint le Sémaphore ? *etc.* — Le *Sémaphore*, comme les Directeurs, se plaint de trois iniquités, que vous, *Gazette*, vous glorifiez.

D'abord il est évident que la note insérée dans la *Gazette* de la part de l'Evêché, renferme des insinuations diffamatoires et peut être par conséquent déférée aux tribunaux.

Ensuite on se plaint de la condamnation à huis clos de trois prêtres en présence de tous les curés, sans que les accusés aient été cités et entendus ; ce qui est une incontestable iniquité.

Enfin, on reproche à l'Evêché sa circulaire non seulement comme une nouvelle diffamation, mais encore comme un abus énorme d'autorité (1).

Pourquoi ne faites-vous pas publier dans votre journal la lettre du 12 août, etc. — Nous ne la faisons pas publier par la raison toute simple, qu'ayant été adressée à un seul, qui n'a pas jugé convenable de nous la communiquer, il est physiquement impossible aux deux autres de la livrer à la publicité ; et cependant dans vos allégations injurieuses, ô *Gazette* charitable, vous enveloppez les trois Directeurs ; il semble que vous frisez, ce faisant, tant soit peu la calomnie.

Quant à l'approbation des curés les plus vénérés, l'avenir montrera quelle en est la valeur, lorsqu'ils ne seront plus sous la pression de Mgr d'Icosie (2).

8 Octobre.

Il n'y a rien à espérer pour vous du côté du Saint-Siége, etc. — Si le curé des Aygalades et le prêtre en

---

(1) On le démontrera plus tard dans une lettre, qui, insérée dans le *Sémaphore*, est restée sans réponse

(2) Personne n'ignore la regrettable défection des curés de la ville, à la mort de Mgr Eugène, qui était devenu évêque de Marseille.

question ont reçu la réponse susdite, ce dont il est permis de douter, c'est un véritable déni de justice, qu'il faut mettre sur le compte, non du Saint-Siége, mais sur celui des employés subalternes d'une congrégation romaine (1).

Le Métropolitain doit prononcer en personne, etc. — Cela n'est vrai que lorsqu'il s'agit d'infliger une censure ; l'official peut réformer ou modifier les sentences des suffragants, comme il aurait pu le faire canoniquement dans l'affaire du curé des Aygalades, s'il y avait eu une vraie sentence ; apprenez cela, théologiens de l'Evêché !

Vous ne trouverez pas un seul curé qui consente à confesser vos élèves, etc. — Nous le savons ; la peur leur fera méconnaitre leur droit et leur devoir : mais sachez encore, théologiens de l'Evêché, *qu'il n'appartient pas à l'Evêque de restreindre à son gré les droits curiaux.* C'est le cardinal de la Luzerne qui vous donne cette leçon; il est permis sans doute à l'Evêque de se réserver l'absolution de certains péchés énormes ; mais il est inouï dans toute l'histoire de l'Eglise qu'un évêque quelconque se soit réservé l'absolution d'une catégorie de fidèles laïques. D'ailleurs si les confessionnaux de Marseille sont fermés à nos élèves, nous espérons que ceux des diocèses voisins leur seront ouverts et qu'ils pourront y recourir pour se soustraire, non à une loi, mais à l'oppression.

Vous irez là... c'est bien, on vous y attend, etc. — Quelle menace ! Nous avions cru jusqu'à ce jour que le confessionnal était un tribunal de miséricorde !... Et dire qu'une pensée si contraire à la doctrine catholique a été conçue à l'Evêché de Marseille, écrite par un écrivain du susdit palais, et insérée dans les colonnes du journal qui se pique d'être le plus religieux de notre région ! Eh bien ! oui, nous irons là... et nous verrons !

---

(1) La *Gazette* saura bientôt qu'on peut espérer quelque chose du Saint-Siége.

10 Octobre.

Diatribes qu'ils ont hautement avouées, etc. — Il est faux que nous ayons hautement avoué tout ce qui a été imprimé, sans notre signature, dans le *Sémaphore*.

Tous les faits qui ont décidé la conviction des curés de Marseille, etc. — Tous ces faits ne regardaient qu'un seul inculpé ; est-il juste, encore une fois, d'en rendre responsables les deux autres ? Et n'était-il pas juste que ces faits fussent dévoilés en présence de l'inculpé, qui aurait eu ainsi la faculté de se justifier ?

Sont-ils bien recevables… à qualifier d'actes de violence, etc. — Ce n'est pas notre faute, si les mesures qu'on prend au nom de l'Evêque, sont en réalité des actes de violence, et méritent toutes les qualifications qu'on leur donne. C'est un loup qui attaque, *sous le hoqueton du berger, qu'il a endossé.*

Avec des ménagements infinis, etc. — Les lecteurs de la *Gazette* doivent être en effet très-édifiés des ménagements infinis que l'on a pour nous, surtout en comparant les articles signés par nous, et desquels seuls nous sommes responsables, avec ceux qui partent évidemment de l'évêché ; et si le *Sémaphore* est coupable dans ses attaques, qui au reste ne s'adressent pas à la conduite personnelle, la *Gazette*, qui n'est pas moins violente dans la forme, est beaucoup plus coupable, puisque ses injures déshonorent les actes privés de trois personnes, revêtues d'un caractère sacré.

Deux étrangers au diocèse, ont été accueillis dans des circonstances critiques pour eux, etc. — J'affirme que l'un des deux ne s'est pas présenté de lui-même à Marseille, et qu'un prêtre a été député auprès de lui à Toulon de la part de M. Bicheron pour négocier son introduction au petit Séminaire comme professeur de physique ; l'évêché a donc commis une grave imprudence en autorisant cette démarche, s'il est vrai que ce prêtre fût alors dans des circonstances critiques.

Pour ce qui me concerne, le rédacteur de l'article, quel qu'il fût, me calomniait incontestablement ; pour lui fermer la bouche, je n'avais qu'à montrer la lettre de M. Boulard, dans laquelle ce vicaire général m'écrivait que Mgr l'Archevêque d'Aix me *prêtait* seulement pour neuf mois à son vénérable voisin ; et d'après tout ce qui a été exposé ci-dessus, m'a-t-on traité avec une bonté paternelle ?

Quant à ce troisième, qui seul a reçu et lu la lettre du 12 août, et qui par conséquent y est seul incriminé, il jouissait cependant il y avait à peine quelques mois, de la confiance de l'évêché, puisqu'on l'avait choisi pour me remplacer comme professeur de rhétorique. De deux choses l'une : ou cet homme n'était pas aussi coupable qu'on le prétendait, ou s'il était un prêtre impur, l'évêché commettait une nouvelle imprudence, plus grave que la première, en le plaçant et en le maintenant dans une Maison d'éducation diocésaine.

Votre lettre est une dérision sanglante, etc. — Si la lettre collective est une dérision sanglante (joli accouplement de mots) peut-on qualifier ainsi les lettres que j'ai adressées moi seul à l'évêché dans le courant de l'été ? Pourquoi sont-elles restées sans réponse ?

Les accusés en seraient quittes à trop bon compte, etc. — Nous sommes accusés, j'en conviens ; mais l'acte d'accusation n'est pas entre nos mains ; et d'ailleurs les accusés ont le droit de réclamer des juges et d'exiger que ces juges ne soient pas leurs accusateurs ; l'illusion à Scipion est donc une dérision, sinon sanglante, au moins superflue ; ce n'est qu'un hors-d'œuvre, pour jeter de la poudre aux yeux.

Ce jugement est rendu déjà, etc. — Nous en appelons au jugement du Père Céleste, et l'on nous répond que ce jugement est déjà rendu, parce que des écrivains, dont la haine déborde, l'ont prononcé, en se couvrant du manteau de l'Evêque. Est-ce que ce langage ne sent pas le fanatisme des sectaires?

L'Evêché aurait-il eu une révélation immédiate, ou bien, s'identifierait-il avec Dieu lui-même? A-t-il oublié qu'on peut appeler de son jugement à celui du Métropolitain, puis à celui du Concile Provincial, ensuite à celui du Souverain Pontife? Et si l'on se soumet à ce dernier jugement, pour ne pas éterniser le procès, ne sait-on pas à l'Evêché que le Saint-Siège n'est pas infaillible dans ses décisions sur les causes criminelles, et qu'on peut en appeler dans le for intérieur au jugement de Dieu? Pauvres canonistes! remettez-vous sur les bancs, vous en avez besoin.

Il faut un jugement pour le temps présent..... Il faut donner aux hommes la preuve irrécusable de l'innocence, etc. — Le jugement pour le temps présent, nous le sollicitons avec les plus vives instances; mais encore une fois nous désirons qu'il soit prononcé par de véritables juges et non par des accusateurs et des adversaires passionnés. Devant ce tribunal tel que l'Eglise l'a établi, nous tâcherons de prouver l'injustice des attaques dont nous sommes l'objet; et si nous ne pouvons nous justifier, alors, mais seulement alors, notre condamnation sera équitable.

Ainsi pour donner aux hommes la preuve irrécusable de notre innocence, il nous faut des juges impartiaux, que l'Evêché s'obstine à nous refuser; nous sommes ecclésiastiques, nous devons donc être jugés canoniquement; par conséquent notre déclaration est légitime et ne peut être assimilée à l'apostrophe de J.-J. Rousseau, qui se plaçait tout seul en face de Dieu; allusion historique tout aussi déplacée et ridicule que la première.

APPENDICE

N° 1

M. l'abbé Bicheron, ancien curé de Grans, était devenu en 1833 supérieur du Petit-Séminaire du Sacré-Cœur à Marseille. L'abbé B***, un de mes anciens condisciples, y était professeur de rhétorique. Ces deux hommes, mes amis à divers titres, eurent la pensée pour mon malheur de m'attirer à Marseille. J'étais alors vicaire à St-Remy, où je venais d'éprouver quelques désagréments. Ils m'écrivirent les lettres les plus séduisantes que j'ai regretté plus tard de n'avoir pas conservées, surtout celle de l'abbé Bicheron, qui n'y allait pas de main morte, et n'hésitait pas à faucher tous les principes et à en faire litière, pour me faire prendre une résolution désespérée.

Comme je m'attendais à une opposition de la part de mes supérieurs d'Aix, et que je lui exprimai mes craintes à ce sujet, il me répondit hardiment que, puisque on m'autorisait à renoncer au service des paroisses, et que je n'avais pas promis obéissance pour le professorat, sur ce point j'étais libre de me livrer à l'enseignement à Marseille aussi bien qu'à Aix ; donc la conclusion pratique était, d'après lui, que je pouvais partir pour Marseille, sans leur autorisation.

L'abbé Bicheron jouissait alors d'un grand crédit à l'archevêché d'Aix et à l'évêché de Marseille ; il comptait parmi ses amis les prêtres les plus distingués des deux diocèses ; mais, malgré tout ce prestige et quoique j'eusse dès lors la réputation d'être une tête exaltée, je ne me sentis pas le courage de passer le Rubicon, comme on me le conseillait chaudement ; j'adoptai la voie diplomatique, qui, pour mon malheur, je le répète, ne réussit que trop.

J'adressai donc le 15 du mois d'août à Mgr Raillon ma supplique à peu près dans les termes suivants, d'après quelques notes que j'ai trouvées :

« Monseigneur,

« Quoique les contradictions doivent être regardées comme le chemin du ciel, il est vrai de dire toutefois que trop persévérantes et trop rapprochées, elles peuvent être dangereuses pour une vertu ordinaire. Tout en reconnaissant la justice des jugements de Dieu, qui a le droit de châtier, selon son adorable volonté, les moindres fautes, je n'ai pu m'empêcher de sentir vivement la rigueur des jugements des hommes. Je ne puis donc me dissimuler, Monseigneur, que les forces de mon corps sont désormais insuffisantes pour soutenir une lutte, dont je ne puis prévoir la fin, puisqu'à défaut de délits véritables, on transforme en crime une maladie, pour me nuire.

« Je ne sais si je me fais illusion, Monseigneur, mais il me paraît que le moment est venu où je dois, comme nous y autorise J. C., prendre la fuite, pour faire diversion. Je pense que de nouvelles occupations sous un autre ciel adouciront cette amertume et cette aigreur de sentiments qui doivent naissance à des circonstances malheureuses et imprévues et qui sont plutôt opposées que conformes à mon caractère.

« J'espère que mon éloignement du diocèse pendant quelque temps détruira toutes les préventions que j'ai soulevées contre moi par des actes susceptibles de diverse interprétation et auxquelles je regrette avec sincérité d'avoir donné lieu même innocemment. Mon absence du diocèse pourra n'être que temporaire ; car ce n'est pas ma pensée de renoncer à tout jamais à l'honneur de servir le pays qui m'a vu naître. Cependant j'attends, Monseigneur, votre autorisation, comme une marque certaine de la volonté de Dieu ; et ce ne sera qu'avec votre permission formelle que je quitterai, le premier dimanche d'octobre, le poste que j'occupe.

« Daignez, etc.

« JONJON. »

Réponse :

ARCHEVÊCHÉ D'AIX
—
« *Aix, le 30 Août 1833.*

« Monsieur,

« Je suis chargé par Monseigneur de vous informer qu'il a été très-touché de la dernière lettre que vous lui avez écrite ; qu'il n'y répond pas, parce qu'il aime mieux avoir une conférence avec vous, et qu'il vous invite en conséquence à venir passer 24 heures à Aix après la Nativité de la Ste-Vierge, à son retour de Lambesc où il ira donner la Confirmation.

« Je puis vous dire en attendant que Monseigneur vous porte beaucoup d'intérêt et qu'il prend part à votre situation.

« Je ne vous parle pas de mes sentiments particuliers pour vous : vous les connaissez, et je vous en renouvelle l'assurance.

« BOULARD, Vic. gén. »

Cette réponse est certes on ne peut plus satisfaisante ; Mgr l'Archevêque *est touché de ma lettre ; il me porte beaucoup d'intérêt ; il m'invite à une conférence.* N'avais-je pas lieu d'en être content, surtout en la rapprochant de la lettre que M. Bony m'écrivit quelques jours après, pour me faire connaître officiellement et en détail les intentions de Sa Grandeur ? Non seulement M. Bony confirme le témoignage de M. Boulard, mais encore il enchérit évidemment sur ses expressions : *Monseigneur me veut du bien ; il m'estime fort ; et il m'est attaché.* Que pouvait-on dire de plus ? Voici cette lettre :

« *Aix, le 4 Septembre 1833.*

« Vous avez dû recevoir, Monsieur et très-cher Jonjon, une lettre de M. Boulard, qui vous écrit de la part de Mgr l'Archevêque, pour vous engager à venir le voir. Soyez assuré que Mgr l'Archevêque vous veut du bien. Il vous estime fort, et il vous est attaché ! Il a dessein de vous employer au petit Séminaire sur la demande que M. Rouchon lui a faite de vous, et c'est pour cela qu'il veut avoir avec vous un entretien. Je vous écris, mon cher Jonjon, uniquement pour vous engager à ne pas refuser le poste qui vous est offert. Vous y serez avec agrément, et vous ne garderez pas, par ce moyen, sans utilité le talent que Dieu vous a donné. Pensez que vous vous devez avant tout à votre diocèse, que vous avez promis obéissance, et que Dieu vous bénira si vous y êtes fidèle. Il y a très grande apparence que M. Pasquier sera employé aussi pour veiller sur les études, et leur donner la direction convenable. Adieu, je vous aime et vous embrasse de tout mon cœur.

« BONY. »

J'avais manifesté le dessein de me livrer à l'enseignement ; M. l'abbé Rouchon, mon ancien et bon curé de St-Chamas, que je vénérais et qui m'avait toujours témoigné beaucoup d'amitié, était alors supérieur du petit Séminaire ; il y avait eu l'année précédente des tiraillements entre lui et ses professeurs ; il s'agissait de renouveler le personnel ou de le modifier ; M. l'abbé Pasquier, mon ancien professeur de philosophie que j'avais remplacé comme vicaire à St-Remy, devait être directeur des classes. Je savais déjà indirectement qu'on m'offrait la chaire de rhétorique, pour mon début dans l'enseignement. En vérité, il semble qu'une telle perspective devait être pour moi couleur de rose et qu'il n'y eut pas à balancer ; je me rendis en effet à Aix pour m'entendre avec M. Rouchon et prendre une résolution définitive. Ce fut dans la sacristie du *St-Esprit* que la conférence eut lieu et non au petit Séminaire, afin de ne pas éventer la mine ; car il s'agissait d'éconduire trois ou quatre professeurs. Autant que ma mémoire est fidèle, le résultat de cet entretien fut satisfaisant pour tous les deux ; malheureusement MM. Bony et l'abbé Sibour étaient absents ; ils ne purent donc pas confirmer par leurs exhortations amicales la résolution que je venais de prendre de ne pas quitter le diocèse ; d'autre part je ne parus ni au secrétariat ni à l'archevêché. Pourquoi ai-je commis cette faute ? Après plus de quarante ans qui viennent de s'écouler, je ne puis en donner le vrai motif. Il est certain que Mgr Raillon ne m'inspirait aucune confiance ; et malgré son retour vers moi, je ne pouvais avoir oublié ses mauvais procédés aux Cadeneaux et tout récemment à St-Remy. Je retournai donc comme un soldat armé à la légère qui va se mesurer avec des ennemis pesamment armés ; je trouvai en effet deux lettres de Marseille qui effacèrent entièrement les bonnes impressions que j'avais reçues à Aix. J'écrivis donc à M. Boulard la lettre suivante, qu'aujourd'hui je n'approuve pas :

« *22 Septembre 1833.*

« Monsieur le Vicaire général,

« Je suis infiniment reconnaissant de l'intérêt que Mgr l'Archevêque prend à ma position et de la bienveillance qu'il daigne me faire témoigner. Plût à Dieu que j'eusse reçu un peu plus tôt l'assurance de ce changement de dispositions ; je n'eusse pas pris la résolution dont je vais vous donner connaissance, après en avoir au préalable exposé les motifs.

« J'ai manifesté à Monseigneur dès le 15 du mois d'août mon intention bien formelle de quitter le diocèse ; je lui ai exposé succinctement mes raisons et je lui ai demandé son autorisation comme une marque de la volonté divine. J'ai cru raisonnablement reconnaître cette autorisation dans le silence que l'on a gardé sur ma lettre pendant 15 jours. Ce silence, joint à tous les antécédents dont je vous épargne le détail, et surtout à la menace qui me fut faite, le mois dernier, de ne plus me donner d'emploi dans le diocèse, m'a paru suffisamment explicatif de la volonté de Sa Grandeur ; et le 30 août, jour où je n'avais pas encore reçu votre lettre, j'ai donné ma parole aux autorités ecclésiastiques de Marseille, jusqu'à ce que, toute prévention cessant, je puisse travailler de nouveau dans mon diocèse d'origine.

« A vrai dire, M. le Vicaire général, cette *menace* pèsera longtemps sur ma conscience, non pas comme un remords, mais comme un souvenir désolant de tout ce qu'a pu faire la prévention. Je reconnais aujourd'hui plus que jamais la vérité de cette maxime, que la calomnie est un charbon qui noircit toujours, lorsqu'il ne brûle pas. Il est pénible sans doute de parler de soi dans un sens favorable ; mais je crois pouvoir dire hautement que cette menace, je ne l'ai pas méritée : je ne l'ai pas méritée à Salon ; interrogez les prêtres qui y travaillent après moi ; je ne l'ai pas méritée aux Cadeneaux ; il est facile de s'enquérir du bien ou du mal que j'y ai fait ; je ne l'ai pas méritée à St-Remy ; consultez les trois ecclésiastiques qui doivent bientôt entrer au grand Séminaire : je m'en réfère à leur témoignage des dispositions de tout le peuple à mon égard.

« Peu importent sans doute à un ministre de J. C. les jugements des hommes; mais il importe beaucoup aux supérieurs, avant de déployer les rigueurs de la sainte discipline, de ne pas oublier qu'un seul acte coupable, et à plus forte raison involontaire, devrait en quelque sorte être absorbé par le reste de la conduite toute régulière et irréprochable, toute pleine d'actes méritoires et de sacrifices (1). Vous concevez, Monsieur le Vicaire général, que ce n'est pas pour moi seul que je hasarde ces réflexions; je ne les poursuis pas; car je suis fatigué de contrister ceux que j'honore et que j'aime dans toute la sincérité de mon âme.

« Il y a contre moi, je ne puis en douter, des impressions défavorables; mon éloignement du diocèse est seul capable de les détruire; je supplie donc encore une fois Monseigneur de me permettre de m'absenter pour tout le temps que Sa Grandeur déterminera.

« Daignez, etc.

« Jonjon. »

Si j'avais eu à 27 ans l'expérience que j'ai à 70, je n'aurais pas écrit cette lettre; Mgr l'Archevêque aurait bien fait de couper court à toutes ces correspondances par un *veto* définitif, que certainement je n'aurais pas enfreint. Il avait d'autant plus de raisons d'en finir, que je lui donnais en quelque sorte une leçon, qui, quoique bonne en soi, était alors au moins superflue, puisque MM. Boulard, Bony et Sibour m'avaient rendu complète justice en son nom. Or qu'on me permette d'examiner de sang froid ce qui me serait arrivé, sans soubresauts et par la route battue, si je n'avais pas écrit cette lettre, qui est le

---

(1) On me reprochait d'avoir outragé en chaire quelques notabilités de St-Remy.

point de départ d'une déviation si compromettante pour mon repos, mon honneur et peut-être aussi le salut éternel de mon âme.

D'abord j'aurais professé à Aix la rhétorique très-probablement avec succès, puisque j'ai réussi à Marseille dans le même emploi, sur un théâtre plus important. Lorsque un an après, M. Rouchon fut nommé vicaire général et que M. Pasquier le remplaça comme supérieur, je devenais légitimement directeur des classes, puisque je l'ai été à Marseille dès la première année de mon professorat ; enfin lorsque M. Pasquier a été vicaire général, je le remplaçais naturellement comme supérieur, vu que cela est arrivé à tous les directeurs des classes, jusqu'à aujourd'hui ; et puisque j'ai encore réussi, en cette qualité, à Marseille, c'eût été bien extraordinaire que la même plante n'eût pas produit les mêmes fruits sur un terrain et dans un climat identiques. Mais ma mauvaise étoile ou, pour parler plus chrétiennement, la Providence ne l'a pas voulu, ou ne l'a pas permis ou mieux a toléré que je prisse une autre route. *Judicia Dei abyssus multa.*

Si j'avais écrit cette lettre à l'un des prélats que j'ai connus plus tard de fort près, qui se font gloire de ne jamais revenir sur leurs pas, je sais par expérience ce qu'il m'aurait répondu et la conduite qu'il aurait tenue à mon égard. Mais Mgr Raillon et M. Boulard eurent la charité de ne pas m'en vouloir de la liberté que je prenais de leur écrire qu'ils n'auraient pas dû me condamner, avant de m'avoir entendu ; ils firent semblant de ne pas comprendre, et M. Boulard m'écrivit, en quelque sorte sous la dictée de l'Archevêque, la lettre du 28 septembre, dont le ton paternel contraste avec le langage sévère que j'avais tenu dans la mienne ; la voici :

ARCHEVÊCHÉ
D'AIX, D'ARLES & EMBRUN
—
« *Aix, le 28 Septembre 1833.*

« Monsieur,

« J'ai fait part à Mgr l'Archevêque de la lettre que vous m'avez écrite le 22 de ce mois. Sa Grandeur m'a chargé de vous répondre que, pour vous prouver l'intérêt qu'il vous porte et le désir qu'il éprouve de vous voir jouir d'une bonne santé, il consent à vous *prêter* pour neuf mois à son vénérable voisin. En conséquence vous pouvez vous rendre à Marseille, sans aucun obstacle de la part de Mgr l'Archevêque.

« Vous me parlez dans la même lettre de l'impression forte que vous a faite une *menace* qui pèsera sur votre conscience, non comme un remords, mais comme un souvenir désolant. J'ignore entièrement la nature de cette menace, mais je vous conseille de ne plus vous en occuper, et de relire, pour vous tranquilliser, ce que je vous mande ci-dessus des dispositions de Mgr l'Archevêque à votre égard.

« Recevez une nouvelle assurance des sentiments d'intérêt et d'attachement de votre très-humble serviteur.

« Boulard, Vic. gén. »

Cette lettre confirme et couronne toutes les autres; elle m'a toujours tenu lieu de cuirasse et de bouclier contre les traits de la malignité et de l'envie; elle est aujourd'hui encore pour moi un vrai *palladium*. Est-il possible en effet de témoigner à un jeune prêtre plus d'attachement et d'estime que Monseigneur ne le fait, en chargeant M. Boulard de m'écrire qu'il consent à *me prêter* pour neuf mois *seulement à son vénérable voisin?* Et M. Boulard a oublié la menace qu'il m'a faite et me conseille de ne plus m'en occuper, comme s'il me disait : *Allons, n'en parlons plus ; faites comme si je n'avais rien écrit.* Nos supérieurs actuels ne se piquent pas de tant de mansuétude ; au lieu de courir après la brebis égarée et de la ramener au bercail, ils chassent impitoyablement celle qui veut y rentrer et la font poursuivre, loin des pâturages sacrés, par des serviteurs mercenaires, qui, épousant toutes les préventions de leur maître, en exécutent servilement les ordres.

N° 2

DOCTRINE DES ANCIENS SUR LE PROFESSORAT

1° Impellimur nâturâ ut prodesse velimus quàm plurimis, inprimisque docendo et tradendis comparandæ prudentiæ rationibus, itaque non facile est invenire qui non tradat alteri quod sciat ipse. Ita non solum ad discendum propensi sumus, verum etiam ad docendum (1). (Cicero *de finibus bonorum et malorum*, lib. III, c. XX).

2° Quærenti mihi quànam re possem prodesse quàm plurimis, nulta major occurrebat quàm si traderem civibus meis vias optimarum artium (2). (Cic. *de Divinat.*, II, I).

3° Quis est nostrûm liberaliter educatus, cui non educatores, cui non magistri sui atque doctores, cui non locus ille ipse mutus ubi altus aut doctus est, cum gratâ

---

(1) 1° Nous sommes portés naturellement à vouloir nous rendre utiles au plus grand nombre possible, principalement en enseignant et en communiquant les moyens d'acquérir la science. C'est pourquoi il est bien difficile de trouver quelqu'un qui n'apprenne pas à un autre ce qu'il sait lui-même. Ainsi nous sommes portés non-seulement à nous instruire, mais encore à enseigner.

(2) 2° Lorsque je cherchais de quelle manière je pourrais me rendre utile au plus grand nombre possible, rien de mieux ne se présentait à ma pensée que d'enseigner à mes concitoyens la route des nobles études.

recordatione in mente versetur? (1) (Cic. *pro Plancio*, XXXIII).

4° Non is solùm Reipublicæ prodest qui tuetur reos et de pace belloque censet, sed qui juventutem exhortatur, qui in tantâ bonorum præceptorum inopiâ, virtute instruit animos, qui ad pecuniam luxuriamque ruentes prensat ac retrahit, et, si nihil aliud, certe moratur, in privato publicum negotium agit.

An ille plus præstat qui inter cives verba pronuntiat, quàm qui docet quid sit justitia, quid pietas, quid sapientia, quid fortitudo, quid mortis contemptus, quid Deorum intellectus, quantum bonum sit bona conscientia? (2) (Seneca *de Tranquillitate vitæ*, c. III).

5° Ne dicas nihil præceptori debere te nisi mercedulam, quia aliquid numeraveris, quædam pluris sunt quàm emuntur; emis à bonarum artium præceptore rem inestimabilem, studia liberalia et animi cultum. Mercedem fert non meriti, sed occupationis suæ, quôd a rebus suis avocatus nobis vacat.

---

(1) 3° Qui de nous ayant reçu une éducation libérale, ne conserve pas dans son cœur un souvenir délicieux de gratitude de ceux qui l'ont élevé, de ses maîtres, de ses instituteurs, et même de ce lieu muet où il a été élevé et instruit.

(2) 4° On sert la République non-seulement en défendant les accusés et en donnant son avis sur la paix et sur la guerre, mais encore, dans une si grande pénurie de bons précepteurs, en dirigeant la jeunesse, en formant les âmes par la vertu, en saisissant et en retirant du mauvais sentier ceux que la cupidité et la luxure entraînent, et au moins en retardant leurs excès, si l'on ne peut obtenir autre chose; ainsi une occupation privée devient un service public.

Celui qui rend des jugements entre les citoyens, l'emporte-t-il en mérite sur celui qui enseigne ce que sont la justice, la piété, la sagesse, la force d'âme, le mépris de la mort, la nature de la Divinité et combien la bonne conscience est un bien précieux?

Præceptor in docendo et laborem et tœdium tulit; hortando bonam indolem erexit, et modo laudibus fecit animum, modo admonitionibus discussit desidiam. Tùm ingenium latens et pigrum injectà (ut ita dicam) manu extraxit, nec quæ sciebat, malignè dispensavit, quò diutius esset necessarius, sed cupit, si posset, universa transfundere.

Sordidissimorum quoque artificiorum institutoribus suprà constitutum aliquid adjicimus, si nobis opera illorum enixior visa est; in optimis verò artibus quæ vitam excolunt, qui nihil se plus existimat debere quàm pepigit, INGRATUS est. Hoc cùm factum est, pretium operæ solvitur, animi debetur (1). (Sen. *de Benificiis,* lib. VI, c. 15, 16, 17).

Fidèle à ces maximes, j'ai toujours considéré comme un devoir l'attention de conserver avec mes anciens profes-

---

(1) 5° Ne dites pas que vous ne devez à votre précepteur que le modique salaire que vous lui avez payé. Certaines choses valent plus que le prix auquel on les achète. Vous achetez à un maître des beaux-arts une chose inestimable, c'est-à-dire les connaissances libérales et la culture de l'esprit. Il reçoit la récompense non de son mérite, mais de son travail, en ce qu'il délaisse ses occupations pour vaquer aux nôtres.

Les leçons du précepteur allègent notre travail, en dissipant l'ennui; ses exhortations maintiennent dans la droiture les bons penchants, ses louanges donnent du courage, ses avertissements secouent la nonchalance; il tire en dehors, pour ainsi dire, en y mettant la main, les talents cachés et inertes; il ne communique pas avec parcimonie ce qu'il sait, afin de se rendre plus longtemps nécessaire; mais il désire au contraire, si c'était possible, de verser dans nos âmes l'universalité de ses connaissances.

Nous donnons un supplément de salaire aux ouvriers qui nous initient aux plus vils métiers, si nous découvrons dans leur travail des soins plus empressés. Mais dans les beaux-arts qui embellissent la vie, celui qui pense qu'il ne doit rien de plus que le prix dont on est convenu, est un INGRAT : lorsque cela arrive, on paye le travail matériel, mais la dette du cœur reste.

seurs des relations d'intimité ; et ce n'est pas sans remords que je les ai quelquefois interrompues : aussi concernant le début de mes études, j'ai écrit ce qui suit :

> Que ne devons-nous pas à notre tendre mère?
> De l'éducation posant le fondement,
> Sa parole d'amour fait jaillir la lumière
> Dans les sombres replis de notre entendement.
> Mais qui fécondera cette bonne semence
> La séve réchauffée est une autre naissance;
> Le maître qui la donne est un présent du ciel.
> Que nous avons reçue au foyer paternel?

Je ne pense pas qu'en prenant en considération mes quarante-six ans de professorat, il y ait de l'exagération à m'appliquer ce distique de mon crû, que j'ai oublié dans mon épitaphe :

> Formandis animis juvenûm sudavit et alsit ;
> Infelixque labor juvit et ipse senem (1).

---

(1) Natus et ipse deâ. (Virgile)

N° 3

DISCOURS AUX MEMBRES DE L'ACADÉMIE
DU PETIT SÉMINAIRE DU SACRÉ-CŒUR, A MARSEILLE
(1833)

« Messieurs,

« Chargé par M. le Supérieur de présider à vos exercices littéraires, je n'ai pu me dissimuler, en acceptant cette tâche, l'importance des engagements que je contractais. La confiance dont j'ai été honoré aurait seule suffi pour réclamer toute ma sollicitude, si d'ailleurs la nature des occupations que je dois diriger ne l'exigeait impérieusement. Vous n'avez pas sans doute perdu de vue la haute pensée qui a inspiré l'institution de l'Académie ; aussi devez-vous comprendre, pourquoi sur un sujet en apparence frivole, je vous fais entendre ce cri de ma conscience.

« La plupart de ceux qui siègent dans cette enceinte, et à qui j'ai l'honneur d'adresser la parole, doivent se rappeler avec une vive émotion la mémoire de ce jour solennel où la voix de Dieu, par l'organe de son Pontife, les appela au fauteuil académique ; leurs cœurs furent alors inondés de joies ineffables et de ces chastes délices qui sont l'apanage exclusif de l'innocence. Les fleurs semblaient naître sous leurs pas ; ils se plaisaient à se bercer de glorieuses espérances, et le plus brillant avenir souriait à leur jeune et ardente imagination : ce fut pour eux un beau jour parmi les plus beaux de leur vie.

« Mais en vous rappelant, Messieurs, un si doux souvenir, en vous transportant par la pensée au milieu de cette fête et en quelque sorte sur ce char de triomphe, en faisant encore jaillir de votre front cette auréole de gloire, je dois aussi rendre hommage à la pensée chrétienne qui se lève majestueuse, dominant toute cette pompe, effaçant de son immortel éclat toutes les gloires éphémères, et laissant sur son passage une longue trace de lumière. Oui, Messieurs, je me prosterne devant cette pensée, qui a produit l'Académie et qui en est l'âme, je la couronne reine de mon intelligence et de mon cœur ; car elle est tout à la fois une pensée sublime et une pensée d'amour.

« C'est ici, jeunes chrétiens, et vous surtout, jeunes lévites, c'est ici, vous dit-on en ce jour mémorable, le gymnase préparatoire où vous devez préluder à la grande lutte qui s'est engagée sur tous les points de l'ordre social. J'adhère de tout mon cœur, Messieurs, à cette noble fin de l'Académie et je partage, autant qu'il est en mon pouvoir, tous les sentiments qui furent alors exposés, avec autant d'énergie que d'éloquence. Pouvait-on en effet vous indiquer une autre route et vous tracer une voie différente ?

« Lorsque le char de la société conduit par des hommes évangéliques, roulait avec sécurité à la garde de Dieu, vers ses immortelles destinées, il fut permis à la littérature de se livrer à de joyeux ébats : mais depuis qu'une science orgueilleuse, semblable à une fille dénaturée, maudissant les entrailles qui l'ont portée et les mamelles qui l'ont allaitée, et brisant avec une sorte de frénésie le berceau de son enfance, a renié, autant qu'il était en elle, sa divine origine, a conçu je ne sais quelles ténébreuses résolutions d'effacer de ce monde et de la mémoire des peuples les vérités fondamentales, et s'est efforcée de remplacer les idées providentielles par ses fragiles conceptions, la tolérance dont je viens de parler serait puérile et pourrait même devenir criminelle.

« Que dirions-nous en effet, Messieurs, d'une littérature qui toujours indifférente ou légère ne jetterait sur un si grand péril de la société que des regrets enfantins ; qui, au lieu d'alimenter son génie à la grande scène qui se déroule à ses yeux, s'exercerait à en consumer le flambeau dans de frivoles productions, propres tout au plus à servir de hochets à la première enfance. Jeunesse chrétienne, une plus noble carrière vous est ouverte. Si vous avez reçu de la Providence quelque étincelle de génie, un esprit élevé, une âme généreuse, hâtez-vous de prendre place dans les rangs de ces religieux et savants écrivains, que nous voyons, après tant de jours mauvais, comme des astres d'un heureux présage, sur l'horizon de notre siècle, depuis longtemps chargé de vapeurs grossières ou de nuées orageuses.

« Semblables à cet arc radieux que le Père Céleste donna, dans les premiers âges du monde, comme un gage de son alliance et de ses promesses, ces jeunes littérateurs, messagers de l'espérance, et précurseurs de la nouvelle société qui fermente, s'avancent comme revêtus de la puissance d'en Haut ; ils relèvent les courages abattus et brûlent de replacer sur leur base ces vérités chrétiennes qui allaient par leur chute compromettre tout ensemble la solidité des trônes, la félicité des nations, leurs institutions, la morale et la littérature. En présence de ce vieux monde que la corruption plus encore que la décrépitude fait marcher à grands pas vers la tombe, on voit ces fidèles croyants déployer hardiment la bannière qu'un Dieu mourant planta jadis, comme le phare du monde, sur le Golgotha.

« Le spectacle de cette prodigieuse activité, de ce dévouement héroïque et surtout de cette foi chrétienne qui sort pleine de sève et de verdeur du tronc desséché de notre siècle, confond dans leurs pensées les apôtres de destruction, et les prophètes de mort, qui nous jetaient par dérision le crêpe funèbre, comme si déjà eût sonné la dernière heure du christianisme.

« Ainsi le triomphe de la Croix par la littérature et de

la littérature par la Croix, tel est, Messieurs, le grand événement qui se prépare et qui est le point de mire des communs efforts de toute cette jeunesse qui se glorifie à la fois d'être française et catholique. Si votre courage n'était pas au niveau de cette grande œuvre ; si à la vue de tant de ruines à relever, de tant de cadavres à ranimer, de tant de géants à combattre, vous sentiez vos cœurs défaillir, et vos pas chanceler, écoutez ce que proclament hautement ces pieux et savants athlètes :

« C'est au pied de la Croix, disent-ils, jusque dans les
« plaies saignantes de l'Homme-Dieu, qu'il faut puiser
« ses pensées et ses inspirations ; c'est au fond du sanc-
« tuaire, foyer de la divine charité, qu'il faut réchauffer le
« cœur engourdi ; c'est à la lumière éclatante de ces pages
« immortelles, qui ont traversé glorieusement les épreu-
« ves de dix-huit siècles, qu'il faut rallumer la flamme du
« génie. »

« On ne saurait entendre sans attendrissement un langage si consolant pour l'Eglise, épouse de J. C., pour nous ses ministres et pour vous ses enfants. D'où peut nous venir, Messieurs, une réaction si spontanée ? Quelle cause assignerons-nous à ce mouvement généreux de certains esprits et à cette tendance d'une partie de la génération qui grandit, vers les idées religieuses ? On dirait que la science, rougissant de ses désordres, et déplorant son égarement, depuis qu'elle a déserté les autels de Jéhovah, vient d'elle-même offrir son sacrifice expiatoire ; on dirait encore que cette science, jetée par un excès de délire hors du sein de l'Eglise et jusque sur le bord d'un abîme, recule épouvantée et vient toute haletante frapper à l'asile du sanctuaire, somme un enfant timide, égaré dans la prairie, court se jeter dans les bras de sa mère, à la vue d'un reptile venimeux, qui serpente à ses pieds.

« La solution de ce mystérieux problème se présente aisément à l'intelligence des enfants de lumière. Il n'est pas de *fidèles*, selon l'énergique expression de nos Pères, qui ne doive s'écrier, en empruntant le langage des devins de l'antique Egypte : *digitus Dei hic est*.

« Oui, Messieurs, ce changement qui nous frappe de stupeur, est l'ouvrage du Tout-Puissant ; la faiblesse de l'instrument qui enfante des merveilles, révéla toujours l'assistance de la divinité ; ainsi le trône des superbes Pharaons fut jadis ébranlé par la verge d'un obscur israëlite ; ainsi douze pêcheurs furent envoyés à la conquête du monde idolâtre. Ainsi la jeunesse française, à peine sortie de la première enfance, est aujourd'hui appelée à la haute mission de régénérer la société et de la retremper dans ces doctrines vitales, si longtemps méconnues et outragées.

« Montrez-vous donc, Messieurs, par votre ardente coopération, dignes d'un si généreux apostolat ; novices encore dans ce genre de combat, c'est ici que vous connaîtrez votre ennemi, et que vous apprendrez à le vaincre ; c'est ici que vous aiguiserez contre l'ignorance fastueuse le trait redoutable de la vraie science.

« Puissiez-vous, Messieurs, par votre persévérance dans l'étude, obtenir ce précieux résultat ; c'est pour soutenir votre faiblesse et guider votre inexpérience que nous confirmons aujourd'hui en les modifiant et les complétant ces règles salutaires qui naguère vous ont été données ; votre fidélité à les observer sera, nous n'en doutons point, couronnée d'un brillant succès par ce même Dieu qui les a inspirées.

« Je les dépose, Messieurs, dans vos cœurs ; c'est à votre foi et à votre zèle que j'en confie la garde ; mais c'est à vous principalement qu'il appartient de déployer la plus vigilante activité, à vous que les suffrages de vos condisciples ont élevé à la première dignité de cette réunion, pour en être le représentant et le soutien. Le mérite de vos antécédents, si justement apprécié par vos condisciples, nous donne, à M. le Supérieur et à moi-même, l'assurance que vous ne faillirez pas.

« Gloire au Très-Haut, le Père des Lumières ! Que son bras nous protége ; que sa Providence veille toujours sur nous et sur notre débile raison ; qu'elle dirige notre plume vacillante dans les voies de la justice et de la vérité ; et alors nos labeurs ne seront point infructueux ; l'immortalité leur est acquise. »

DISCOURS PRONONCÉ A UNE DISTRIBUTION DE PRIX AU PETIT SÉMINAIRE DE MARSEILLE

« Monseigneur,

« Le temps, dans son cours périodique, ramène également et les jours mauvais, de sinistre mémoire, et les jours fortunés dont le souvenir est encore une pensée de bonheur : Anniversaire !!! Combien de douces émotions, de sublimes pensers, de scènes touchantes, ne découvrons-nous pas sous cette expression que le vulgaire prononce mille fois avec tant de froideur ; à nous, aujourd'hui l'anniversaire, à nous les trésors de cette parole mystérieuse ; à nous il appartient d'en goûter les charmes et d'en savourer les douceurs ; à nous l'anniversaire, à vous aussi, Monseigneur, puisque la fête de notre bonheur est aussi l'anniversaire de vos bienfaits.

« Deux années se sont écoulées, depuis qu'à pareille époque, l'Académie formée par Votre Grandeur, brisant les lisières de l'enfance, s'est élancée, sous vos auspices, dans la carrière qui lui fut tracée : les vœux ardents qui vous furent inspirés dans ce jour solennel, n'ont point été stériles, le Dieu de votre cœur, qui en connaît toute l'étendue et la pureté, les a exaucés avec je ne sais quelle magnificence. Dès les premiers jours de son existence, cette réunion de jeunes élèves jeta le plus vif éclat ; ses travaux ont toujours été couronnés du succès le plus flatteur, et sa gloire, toujours croissante, quoique prématurée, atteste hautement que votre œuvre, Monseigneur, fut une pensée divine.

« Parmi les vertus du jeune âge, il en est qui aiment à briller dans l'ombre, ou qui ne peuvent se produire d'elles-mêmes au grand jour, sans ternir leur vernis de pureté ni altérer leurs grâces naïves : mais la reconnaissance ne fut jamais, pour tout âge, une vertu solitaire ; comme un torrent grossi par les orages et que l'étroite limite de son lit ne peut contenir, cette vertu ne saurait se renfermer dans le secret des sentiments intérieurs, sans jeter sur leur sincérité les soupçons les plus odieux : si elle bouillonne dans le cœur, pourrait-elle ne point épancher au dehors ses flots d'amour et d'innocente ivresse ? Aussi, Monseigneur, l'Académie qui vous doit son existence et ses succès et qui se repose pour son avenir sur votre paternelle sollicitude, s'empresse-t-elle de vous témoigner aujourd'hui, par mon organe, sa plus vive reconnaissance. Elle suspend sa marche triomphale pour distinguer elle-même dans la foule de ses admirateurs celui qui fut son père et se reconnaître hautement tributaire envers lui des applaudissements qu'elle va bientôt recueillir. C'est ainsi qu'elle a su se soustraire aux charmes de ces honneurs précoces où l'inexpérience trouve de si dangereux appats et que sur son jeune front couronné de lumière on voit briller encore le doux éclat d'une modeste rougeur.

« Toutefois, Monseigneur, je me hâte de reconnaître que cette pompe extérieure n'est qu'un brillant accessoire et que cette gloire n'est point, à Dieu ne plaise, son arrière pensée ni l'intention première de Votre Grandeur, dans l'établissement de l'Académie ; cette fleur à l'odeur suave, aux couleurs séduisantes recèle sous son éclatante enveloppe un fruit délicieux : le progrès dans les études littéraires ; sous ce point de vue, cette institution salutaire s'élève à la plus haute importance et grandit jusqu'à la hauteur d'une pensée sociale : or, qui mieux que l'Académie peut en connaître les avantages et en apprécier les résultats ? La carrière des sciences est semée de ronces et d'épines et notre intelligence, comme une terre inculte ne peut se féconder qu'à l'aide d'une constante sollicitude et d'une ardeur infatigable ; si l'indolence de la décrépitude saisissait le cœur du jeune homme, champion malheureux dans la lice littéraire, jamais il n'atteindra à cette borne où sont suspendues les guirlandes et les couronnes; jamais ne retentirait, comme symbole de victoire, ce nom qu'il reçut de l'amour d'une mère, le jour de sa naissance : mais quel puissant encouragement, quelle source d'émulation et de zèle, quel foyer d'ardeur et d'enthousiasme pour de jeunes étudiants, que ces réunions imposantes où leurs travaux couronnés du succès sont fêtés par le baiser de la tendresse et l'approbation de la science ! Cette moisson de jouissances que l'on peut recueillir dans les études, c'est encore à vous, Monseigneur, que l'Adadémie en est redevable et ces élèves qui se pressent dans cette enceinte, je les vois tout prêts à entonner avec elle l'hymne de la reconnaissance.

« Enfin me serait-il permis, à moi, dépositaire de ses sentiments les plus intimes et confident de ses pensées, de révéler à Votre Grandeur un des secrets de son âme? Mais pourquoi redouterais-je de paraître infidèle ? Mon devoir (et c'est elle qui me l'a imposé), est de me faire aujourd'hui l'interprète de son cœur : vous saurez donc, Monseigneur, que l'Académie, quoique étrangère aux événements prodigieux qui s'opèrent dans le monde, a pressenti par une sorte d'inspiration la marche progressive des idées religieuses; on dirait que le noble instinct de sa destinée la tourmente et la presse ; ces fréquents épanchements de sa foi, ces regards brûlants vers l'avenir, ces soupirs d'espérance n'annoncent-ils pas qu'elle a deviné la sublime mission que la jeunesse chrétienne remplit avec tant d'héroïsme dans le siècle ? Peut-être son âme se consumerait-elle en feux impuissants, si votre sage prévoyance ne lui avait élevé sur ce théâtre une chaire d'où elle peut faire entendre à ses frères qui combattent, ses voix d'amour et ses cris de sympathie ?

« Actions de grâces vous soient donc rendues d'avoir inondé de pures délices et de joies ineffables ces jeunes cœurs chrétiens, et agréez cette dernière expression de leurs sincères hommages : pénétrés de leur propre faiblesse et de leur impuissance naturelle, ils n'oseraient se promettre qu'une existence précaire, si votre bonté inépuisable et votre puissante protection n'étaient les garants de leur destinée : vous achèverez votre ouvrage, Monseigneur, vous continuerez à abaisser sur vos enfants ces regards de bienveillance qui sont la récompense la plus flatteuse de leurs travaux. Vos ardentes prières leur sont à jamais acquises ; votre zèle qui les a enfantés, soutiendra leur courage, provoquera leurs efforts et préparera leurs triomphes ; et l'Académie toujours reconnaissante déposera à vos pieds sa couronne de gloire, immortelle *comme votre amour*.

DISCOURS
QUI DEVAIT ÊTRE PRONONCÉ A LA DISTRIBUTION DES PRIX
A LA FIN DE L'ANNÉE CLASSIQUE

« Monseigneur,

« Lorsque les cœurs sont rapprochés par ces liens intimes que forme la nature, ou le commerce de la vie, il est des événements qui ne peuvent ni causer des douleurs ni procurer des jouissances solitaires : aussi l'Académie que j'ai l'honneur de représenter se repliant sur elle-même, et parcourant chaque période de son existence, vous retrouve-t-elle à chaque pas, partageant son allégresse, applaudissant à ses efforts, couronnant ses succès, et participant à sa gloire ; et cette joie de Votre Grandeur devient pour l'Académie, son plus beau triomphe et la source de ses plus ineffables délices : que d'autres s'étonnent de ce zèle chaleureux qui vous fait soupirer après l'époque des réunions littéraires, et qui vous porte à briser tous les obstacles, pour venir les honorer de votre présence ; cet entraînement n'est pas pour nous un mystère, car les cœurs ont un langage pour eux seuls intelligible.

« Lorsque la naissance d'un enfant a mis un terme aux douleurs de l'enfantement, le jour qui a vu succéder les transports de joie aux cris de douleur, la puissance de la vie aux extrémités de la mort, l'accomplissement des vœux aux alarmes les plus cruelles, le repos et la conscience du bonheur aux angoisses du désespoir, ce jour est sans doute à jamais mémorable dans les fastes de la famille ; mais c'est encore un jour de bonheur pour une tendre mère, lorsque le fruit de ses entrailles a été surpris, payant d'un sourire ses soins assidus et son ardent amour ; c'est encore un jour de bonheur, lorsque la bouche de cet enfant fait entendre pour la première fois quelques syllabes inarticulées du nom de son père ou de sa mère ; les premiers pas qu'il forme dans la carrière de la vie et qu'il se permet de dérober à la surveillance de ses guides, les témoignages plus ou moins frappants du développement de son intelligence, ce sont encore-là des époques dans la vie de cet enfant qui sont marquées comme d'un sceau ineffaçable, et élevées pour ainsi dire à la dignité des solennités religieuses.

« Tel est, Monseigneur, le tableau que nous aimons à nous retracer, pour nous représenter dignement votre sollicitude paternelle pour l'Académie : vous portez sur chacun de ses pas cet œil de vigilance qui la soutient dans sa faiblesse, la garantit de toute chute, la protége contre la séduction de l'erreur et lui inspire dans ses travaux cet élan aussi pur que magnanime que tant de succès ont couronné : vous vous plaisez, pour ainsi dire, à aspirer le souffle de sa bouche, à écouter ses plus faibles accents, à comprendre ses soupirs, à deviner ses espérances, à sourire même à ses innocentes illusions : vous aimez à la voir prenant son essor dans la carrière des sciences ; vous contemplez sa marche ferme et rapide avec cette ivresse de joie qu'éprouve l'homme des champs, lorsqu'un arbrisseau qu'il a planté et arrosé de ses mains et dont la séve paraît toujours trop lente à l'ardeur de ses désirs, se couronne d'une verte chevelure, embaume l'air du parfum de ses fleurs, et dépose son brillant diadème, pour charger ses nombreux rameaux de fruits succulents.

« L'Académie, Monseigneur, ne sait point méconnaître cette sollicitude, aussi s'est-elle imposé un devoir sacré de ne point contrister votre pieuse vigilance, de correspondre à vos soins empressés, d'apprendre de votre bouche la pureté de ses doctrines, et de lire dans vos regards l'assurance de ses progrès ; elle demandait un symbole qui pût résumer ses pensées et ses espérances, lui servir de flambeau dans les ténèbres de la science et la défendre des illusions de l'esprit et des écarts de l'imagination, et ce précieux talisman, elle l'a trouvé dans cette croix qui repose sur votre sein. Tel est le signe mystérieux par lequel elle sympathisait avec les illustrations de la littérature moderne ; c'est ainsi qu'elle suivait avec la sécurité de l'innocence toutes les idées progressives d'une brillante école. Elle joignait sa faible voix aux mille voix retentissantes, pour saluer avec un pieux enthousiasme l'aurore d'une régénération littéraire par le christianisme : elle pensait que le chaos des tempêtes religieuses commençait à s'évanouir et qu'une pensée d'amour se reposait sur le monde des intelligences pour le féconder ; quoique de fait isolée de ce grand mouvement, et par conséquent quelque faible que dût être la portée de ses jugements, elle ne pouvait néanmoins s'empêcher d'applaudir à je ne sais quel triomphe de la pensée catholique, tant était vive et abondante la lumière qui se répandait dans le monde. Mais quelques voix se sont élevées, qui ont poussé des cris d'alarme, et ces voix ne sont pas vulgaires : aussi l'Académie en a-t-elle tressailli de frayeur, elle a compris que la vérité catholique pouvait être retenue captive dans des chaînes d'or, être étouffée sous le poids des guirlandes dont on chargeait sa parure, et son âme s'est livrée tout entière aux angoisses du doute ; mais ce n'était là que le commencement de ses douleurs.

« En parcourant les diverses phases qu'a subies l'Eglise chrétienne, on ne peut s'empêcher de contempler avec une sorte d'extase sa marche ferme et solennelle à travers tant d'orages et de tempêtes. Il n'est pas de siècle qui ne lui ait apporté son tribut de persécutions ; tantôt c'est une brutale oppression qui pèse sur elle, tantôt une fallacieuse protection ; aujourd'hui le plus pur de son sang rougit le pavé de ses temples, demain c'est une bienveillance hypocrite qui la couvre par dérision d'un manteau de pourpre et lui met à la main un sceptre de roseau : mille fois l'intelligence en délire s'est élevée contre la sublimité de ses dogmes, et les plus viles passions se sont déchaînées pour dégrader l'immortelle pureté de sa morale, comme ces reptiles qui répandent leur bave immonde sur les tendres fleurs de la prairie.

« Mais l'immortalité de cette Eglise fut écrite de la main de Dieu sur cette pierre qui lui sert de fondement, et chaque siècle a vu paraître des hommes revêtus de la puissance d'En Haut, qui, comme des jalons plantés sur la route de cette vie, ou des phares lumineux placés sur les écueils des mers, indiquent aux voyageurs d'ici-bas le chemin de la vérité et le port du salut. La Providence n'a point failli à notre siècle : des hommes prodigieux ont été suscités, et parmi ces sublimes ouvriers que Dieu a employés pour embellir son édifice, il en est un dont le nom ne périra point; car le sentiment de la douleur est aussi puissant et fécond en souvenirs que celui de l'amour; et cet homme, après avoir été aimé jusqu'à l'adoration, est aujourd'hui l'objet d'inconsolables regrets. Semblable à ces torrents dont l'industrie humaine sait réprimer le cours impétueux et dont les eaux habilement dirigées, servent à féconder la terre, mais qui, grossis tout à coup par les orages, emportent dans leurs ondes écumantes toutes les barrières qui avaient été le fruit de savantes recherches; ainsi nous avons vu cet homme qui fut à la fois notre guide, notre lumière et notre père, accroître le trésor de l'Eglise et nettoyer le pur froment de la doctrine de ces grains impurs qui la suffoquaient.

« Mais dans ces derniers temps, nous ne savons quelles tendances étranges l'entraînaient toujours à de nouvelles transformations. Pour nous, qui avions coutume de recevoir de sa main le pain de vie, déplorant toutefois son funeste courage, nous le suivions en gémissant : mais, tandis qu'il dévorait la terre, comme le coursier des batailles, on aurait dit une chaîne de monts sourcilleux qui a blessé tout à coup la fierté de ses regards; nous l'avons vu néanmoins s'élever sur les rochers aigus, gravir sur la pente des abîmes et s'enfoncer dans l'épaisseur des forêts; nous l'attendions au pied de la montagne, demandant au ciel son retour, lorsque des lambeaux de vêtements, que le souffle des vents a apportés sur nos têtes et quelques pierres détachées qui ont roulé couvertes de sang jusque sous nos regards, nous ont glacés d'épouvante. Nous nous sommes prosternés à deux genoux et nos prières ardentes sont montées jusqu'au ciel comme la fumée des sacrifices, pour invoquer le Père des Miséricordes; car, nous ne rougissons pas de le redire, nous aimions cet homme!

« L'Académie, Monseigneur, en gémissant sur les errements d'un beau génie, n'ignore pas qu'elle ne fait que partager votre profonde douleur; elle n'est qu'un faible écho des lamentations du Pontife qui siége au Vatican et des autres pasteurs de l'église. Puissent tant de bras levés vers le ciel pour le salut d'un père, ramener la joie dans nos cœurs et la victoire dans nos rangs...! Puissent tant de soupirs légitimes, tant de vœux enflammés attirer sur lui la rosée céleste et verser sur les plaies de son âme le baume d'une sincère et persévérante componction...! Puissent les ennemis de l'Eglise que nous voyons triompher de notre deuil, rentrer dans leur vile poussière...!

« Telles sont les espérances, Monseigneur, dont l'Académie vous fait dépositaire, telles sont les prières dont elle confie le succès à votre ardente charité. Et si la sentence du suprême pasteur de l'Eglise devait être le prélude des jugements irrévocables de Dieu même, elle adorerait la justice éternelle, brisant l'instrument passager de ses prodiges, et elle attendrait en silence avec le monde chrétien quelque nouvel enfantement de sa toute puissance : tel est, Monseigneur, l'intime conviction et la profession de foi de vos enfants : mais il vous tarde sans doute d'entendre leurs voix ; je me fais donc un devoir de hâter le moment que l'Académie appelle et réclame comme une justice pour elle et comme une jouissance pour Votre Grandeur.

P.-S. — Il y a dans ces trois discours des exagérations de style que je condamne aujourd'hui ; mais cette manière d'écrire plaisait alors aux élèves ; nous étions en plein romantisme ; du reste mieux eut valu supprimer le dernier ; cet affront aurait eu une raison d'être, tandis que le procédé dont on usa pour m'empêcher de parler était sans excuse.

N° 4

La lettre suivante d'un élève, qui avait quitté le petit Séminaire au moment du second choléra, est un témoignage du mécontentement qui régnait dans la maison. Il n'a pas assisté aux incidents qu'a provoqués ma sortie du petit Séminaire. Je n'ai donc pu lui inspirer le langage qu'il tient. Aussi sa lettre est pour moi une sorte de témoin à décharge.

« Mon cher Professeur,

« Je remplis aujourd'hui un devoir dont j'aurais dû m'acquitter, il y a longtemps, il est vrai, mais je ne sais par quelle voie indirecte, on m'avait fait soupçonner que vous n'étiez peut-être déjà plus au petit Séminaire ; c'est à cause de cette incertitude que je n'ai jamais osé vous écrire. Je ne vous avais pas oublié cependant, oh non ! mon cœur ne peut perdre le souvenir de ceux qu'il a aimés. Combien de fois ne me suis-je pas demandé à moi-même ce que vous deviez penser de moi qui vous ai quitté sans vous dire l'intention où j'étais de ne plus retourner, et sans vous avoir écrit depuis ? Certes ce n'est pas là une preuve de la reconnaissance que vous méritez à tant de titres ! mais je vous ai exposé le motif de ce retard, soyez persuadé de ma bonne volonté. Avant-hier enfin quelqu'un m'écrit que vous n'étiez plus au Séminaire, qu'il y avait eu un bouleversement général ! Voilà tout ce que je sais ; j'ignore tout détail. Il ne m'aurait donc pas été donné de finir ma rhétorique avec vous. Eh bien ! maintenant je suis sans regret d'avoir abandonné pour toujours cet établissement, c'était le seul lien qui pouvait encore m'y attacher. Mécontent pour tant de choses, si j'avais eu un autre professeur, je n'y serais pas resté six mois seulement. On oublie aisément les petits chagrins qu'on peut avoir, surtout lorsqu'on est jeune, mais jamais les bienfaits qu'on a reçus. Du moins c'est ainsi pour moi, tout ce qui s'est imprimé une fois dans mon cœur, y reste gravé éternellement. Je ne pourrai donc jamais oublier ces classes paisibles, où au lieu de fléchir sous la férule d'un maitre rigoureux, comme malheureusement ce n'est que trop l'ordinaire, on écoutait les doctes leçons d'un père qui instruisait ses enfants ; vous direz que vous ne faisiez que votre devoir ; il n'importe, je ne l'oublierai jamais !

« Je tâche de mettre ici dans mon modeste village, qui est pour moi une solitude, à profit le temps qui me presse. Franchement je vous mentirais si je vous disais que j'ai encore beaucoup travaillé à la rhétorique, je reconnais mon tort, mais les *sèches* mathématiques et l'histoire auxquelles je me suis grandement appliqué, m'en ont empêché. Je tâche de me mettre bien au courant de tout, pour passer bachelier l'année prochaine après ma philosophie. La société me manque, mais j'ai des livres et les agréments de la campagne. Voilà toute ma vie pour à présent, en attendant que le mois d'octobre m'oblige à retourner à Marseille.

« C'est alors, mon cher professeur, que je pourrai vous exprimer les sentiments d'affection et de respect que j'éprouve,

« Croyez-moi pour la vie,

« Votre élève reconnaissant et dévoué.

« C. R... d.

« P.....res, 17 Juin 1835. »

N° 5

ARCHEVÊCHÉ D'AIX

« Nos Vicarius generalis capitularis diœcesis Aquensis, arélatensis et ebredunensis, sede vacante, dilecto nobis in Christo Alexio-Polydoro-Andreæ-Rosæ Jonjon hujusce diœcesis presbytero ex nostrâ licentiâ Massiliæ commoranti, licentiam concedimus missam celebrandi in civitate aut diœcesi Aquensi quotiescumque negotiorum causâ huc devenerit. Præsentibus litteris usque ad finem Junii anni proximè futuri valituris.

« *Datum Aquis Sextiis die 7 mensis Julii 1835.*

« ABEL, Vic. gen. cap. »

« De Mandato
« SIBOUR, Can. s. g. »

ARCHEVÊCHÉ D'AIX

« Monsieur le Recteur des Cadeneaux est prévenu que M. Jonjon a obtenu la permission de célébrer la Sainte-Messe dans la paroisse des Cadeneaux.

« Cette permission est valable jusques à la fin de l'année 1835.

« *A Aix, le 24 Juillet 1835.*

« SIBOUR, Chan. s. g. »

Comment se fit-il que le 7 Juillet on m'accorda le *Celebret* général qui m'est refusé le 8, d'après la lettre de l'abbé Sibour, et que le 24 on donna au curé des Cadeneaux l'autorisation qu'on lui a refusée d'abord, d'après la lettre de l'abbé Chabaud ? Cette double contradiction n'était pas alors un mystère ; je ne m'en rends compte aujourd'hui que par le dévouement de l'abbé Sibour qui faisait qu'on m'accordait officieusement ce qu'on me refusait officiellement.

N° 6

VARIANTE SUR MA SORTIE DU PETIT SÉMINAIRE

Le petit Séminaire de Marseille avait vu le nombre de ses élèves s'accroître prodigieusement pendant le court intervalle de deux ans, quoiqu'on eût augmenté le prix de la pension avec une habileté remarquable. Au mois d'avril 1835, ce nombre diminua considérablement, bien qu'on fût disposé à recevoir à tout prix ceux qui se présenteraient. Expliquons ce résultat anormal, non par des injures, mais par des faits incontestables.

L'administration épiscopale avait compris que les professeurs *mobiles*, qui vivent au jour le jour et ne se chargent d'une classe que par délassement ou comme l'on dit, pour employer le temps, ne conviennent pas à une maison d'éducation sérieuse. Elle avait donc placé presque dans chaque classe des hommes qui avaient un goût décidé pour l'enseignement, et qui avaient la conscience de ne tromper les espérances ni de leurs supérieurs ni des élèves, dans les différents emplois qu'on leur avait confiés.

Cependant le génie du mal, jaloux de la prospérité du petit Séminaire, inspira à l'administrateur des idées qu'il n'avait jamais eues et qu'il avait même condamnées hautement, lorsqu'il n'était pas encore *maître chez lui.* L'esprit de cupidité ou d'ambition (les sentiments sont partagés) porta cet homme à faire des actes que la morale défend, que la politesse condamne, que l'opinion publique réprouve et que la justice divine châtie quelquefois en ce monde.

Une économie exagérée, des spéculations sordides succédèrent rapidement à ces grandes vues d'administration qu'il avait pompeusement annoncées et qui avaient déterminé Mgr d'Icosie à le choisir pour remplacer un prêtre honnête homme. Le mécontentement devint général. Les pères de famille, les élèves, les professeurs, les domestiques mêmes désapprouvaient, les uns hautement, les autres en secret, les bizarreries déplacées d'une administration qui allait par ses excès entraîner la ruine de la maison. Je laisse à d'autres le soin d'exposer les détails fastidieux et dégoûtants de toutes ces excentricités journalières. Je n'aime pas à remuer la boue, de quelque nature qu'elle soit. Je passe à d'autres faits non moins incontestables.

Prêtre, professeur et ancien Directeur des classes, je pouvais apprécier et la grandeur du mal et la gravité des reproches. Je crus que le moment était venu de remplir auprès du Supérieur un de ces devoirs pénibles et dangereux, dont une conscience irréprochable et la vraie amitié peuvent seules surmonter les difficultés et braver les périls. Je me hasardai donc à lui donner des avertissements, qui furent, je l'avoue, accueillis avec *douceur et reconnaissance*. Mais quinze jours après le Supérieur montait en voiture, arrivait à Aix, et provoquait par des instances énergiques mon rappel dans le diocèse d'Aix pour me récompenser de lui avoir donné, par mes avis salutaires, une preuve d'amitié qu'il ne méritait pas et qu'il ne recevra jamais plus en ce monde.

Or, à cette époque, il ne s'agissait ni de Menpenti ni d'aucun autre établissement ; ce fut le 2 avril que commença la persécution contre les professeurs qui s'étaient le plus fortement prononcés contre les abus de l'administration ; et la pensée de former une nouvelle maison d'éducation ne fut bien conçue qu'après mon départ du petit Séminaire ; il m'a donc été impossible de communiquer aux élèves un projet que je n'avais pas et que je n'aurais jamais mis à exécution, si l'on ne m'y avait forcé.

Qu'on cesse donc de fatiguer nos oreilles d'une calomnie dont les élèves eux-mêmes ont démontré l'absurdité dans leurs réponses fermes aux questions insidieuses qu'on leur fit. Une enquête sérieuse en effet fut faite et ne produisit aucun résultat défavorable pour nous. Au reste, puisque l'écrivain officiel de l'évêché est en verve de révélations, je l'engage à faire connaître au public les motifs raisonnables qui ont déterminé l'évêché à prendre contre moi tant de mesures rigoureuses. Dans ce cas j'aurais à mon tour des explications à donner, des témoignages à invoquer et des lettres à publier, qui éclaireraient la question bien mieux que la fameuse lettre du 12 août.

N° 7

LETTRE AUX CURÉS EN RÉPONSE A LA CIRCULAIRE

« Monsieur le Curé,

« Les Directeurs de la *Maison Menpenti* ont appris avec autant d'étonnement que d'émotion les dernières mesures que l'administration épiscopale a cru devoir prendre, pour essayer de détruire leur établissement ; ils laissent aux familles honorables qui daignent leur confier leurs enfants, le soin de dénoncer à qui de droit tout ce que ces mesures renferment d'odieux, d'étranger à nos mœurs et de contraire aux lois évangéliques ; quant à eux ils ne se défendront pas, en descendant jusqu'à cette polémique qui ne vit que de diffamation et de scandale.

« Cependant ces Directeurs pensent qu'il est nécessaire pour cette fois seulement, de faire comprendre que le silence auquel ils se sont soumis et qu'ils s'imposeront de nouveau pour faire plus efficacement la bonne œuvre qu'ils ont entreprise, n'est une preuve ni de culpabilité ni d'impuissance : ils conçoivent tout ce qui peut paraître légitime dans l'adhésion des pasteurs secondaires aux paroles de leur évêque ; toutefois ils ne craignent pas dans cette circonstance d'être téméraires, en vous priant, Monsieur le Curé, de leur accorder une suspension de jugement.

« Depuis environ six mois des émissaires impudents colportent çà et là des bruits étranges contre chacun de nous, ne tenant aucun compte de la charité qu'ils blessent, de la dignité sacerdotale qu'ils outragent et de la paix de l'Église qu'ils compromettent.

« Ces jours derniers on a porté contre nous dans une réunion clandestine des accusations capitales ; des instructions ont été données aux divers membres du clergé, pour exploiter contre nous la foi religieuse dans les tribunaux de la pénitence. Ces actes ténébreux nous imposent l'obligation de protester hautement et contre l'illégalité du jugement et contre la fausseté des imputations.

« Un des principaux devoirs d'un évêque, enseigne St-Isidore, consiste à ne condamner qu'après un examen sérieux : *Episcopi speciale officium est, non quemquam de membris suis discerpere, nullum damnare nisi comprobatum, nullum excommunicare nisi discussum.* L'autorité ecclésiastique de Marseille a-t-elle rempli ce devoir envers nous ? N'a-t-elle pas au contraire profité de l'absence des accusés pour donner à la futilité de ses moyens toute la force d'une preuve incontestable ? Cette prévarication, (car c'en est une) nous le déclarons dans notre âme et conscience, a été commise contre nous.

« Que l'administration épiscopale nous fasse comparaître devant un tribunal canonique ; que le vénérable et infortuné évêque de Marseille réunisse dans son palais ces prêtres vertueux et éclairés que la voix unanime des fidèles appelle à la direction des affaires ecclésiastiques. Si un quart d'heure d'audience ne nous suffit pas, pour réduire en poussière toute l'accusation et faire rougir nos envieux, nous consentons à subir les châtiments les plus sévères et à renoncer au projet que nous avons conçu uniquement pour des motifs que notre conscience ne nous reprochera jamais.

« Agréez, etc.

« Pour l'Administration,

« JONJON. »

N° 8

LETTRE A M. LE MINISTRE DES CULTES
SOUS LA SIGNATURE DE M. L'ABBÉ VIDAL
ADMINISTRATEUR DE LA MAISON

« Monsieur le Ministre,

« J'ai l'honneur de vous informer que j'ai ouvert le 1ᵉʳ octobre le pensionnat dont M. Reynard, député, a sollicité avec tant de zèle l'autorisation. Je suis infiniment reconnaissant de l'intérêt que vous avez témoigné pour mon entreprise et de la promptitude avec laquelle ma demande a été expédiée. Après tant de bienveillance, je puis, sans témérité, implorer votre protection contre les vexations inouïes dont je suis victime en ce moment.

« M. Reynard a dû vous faire connaître les motifs qui m'ont déterminé à fonder cette maison d'éducation avec deux autres prêtres qui partagent mes principes et qui sont en butte à la même persécution.

« Je ne reviendrai pas sur des antécédents qui, en vérité, ne sont pas flatteurs pour l'évêché de Marseille, mais qui perdent en quelque sorte de leur importance, en présence des graves événements de ces jours derniers.

« L'Évêque de Marseille ou plutôt ses jeunes et hardis conseillers, non contents de répandre clandestinement contre chacun de nous des calomnies infâmes, en sont venus à un tel point d'aveugle acharnement, qu'une circulaire diffamatoire signée par l'Évêque, a été envoyée à tous les Curés et Recteurs de la ville. On y appelle notre maison d'éducation un établissement *anti-catholique*; on défend à tous les prêtres, même au curé de notre paroisse, d'entendre la confession des élèves. Cette circulaire avait été précédée d'une réunion de curés, dans laquelle après une allocution virulente, on leur enjoignait de refuser l'absolution aux pères de famille qui nous confient leurs enfants.

« Toutes ces violences qui auraient dû nous donner le coup de la mort, n'ont servi qu'à nous accréditer davantage et qu'à faire croître le nombre de nos élèves. Ce que voyant, l'Évêché a pris d'autres mesures ; il a emprunté la plume d'un vil écrivain, journaliste obscur ; la *Feuille du Commerce* a rempli plusieurs colonnes de diatribes que les hommes qui se respectent, n'écrivent jamais.

« Prêtres catholiques, citoyens intègres et honnêtes, nous aurions dû intenter contre ce journal une action juridique ; nous en aurions attendu sans crainte le résultat ; car il nous importait de reporter l'infamie sur la tête de nos calomniateurs.

« Cependant, Monsieur le Ministre, quel que soit l'entraînement du moment, nous avons compris que cette mesure n'est pas nécessaire à un établissement qui a été fondé sous vos auspices, et que toutes les autorités locales voient s'élever avec satisfaction. Membres de l'Université, nous avons pu former une maison d'éducation indépendante de l'autorité épiscopale ; l'Évêque de Marseille n'a d'ailleurs aucun droit essentiel sur nous, puisque des trois associés deux appartiennent à un diocèse étranger, et qu'ils ont établi leur domicile à Marseille avec l'assentiment de leurs supérieurs ecclésiastiques. Quoique soumis à la juridiction épiscopale, comme prêtres, pour la discipline générale, nous n'en relevons pas pour nos actes privés, qui ne sont l'objet d'aucune défense canonique.

« Nous ne pouvons donc attribuer toutes ces entraves qu'à l'esprit d'envahissement et de cupidité, qui domine dans tous les actes de cette administration. Que l'Évêque réussisse à nous détruire, malgré l'autorisation ministérielle, il ne manquera pas de publier qu'il exerce une omnipotence ecclésiastique même sur les établissements universitaires.

« J'avais eu d'abord la pensée pour prévenir tous ces débats de faire ériger le pensionnat en collége ; j'en ai été empêché par les nombreuses occupations inhérentes à tout commencement d'entreprise ; mais je n'ai pas perdu de vue ce projet.

« Je termine, en implorant de nouveau votre protection contre tant d'arbitraire et de violence. Ne m'abandonnez pas aux caprices d'une administration qui pèse épouvantablement sur tout le clergé ; vous rendrez un éminent service aux nombreuses familles qui nous honorent de leur confiance et vous acquerrez un nouveau droit à la profonde estime des hommes éclairés.

« Agréez, etc.

« VIDAL. »

N° 9

VARIANTE SUR Mgr REY PROMU A L'ÉVÊCHÉ DE DIJON
(1832)

Lorsque pour la troisième fois la Providence eut permis, sans doute pour nous faire expier nos péchés, que M. l'abbé Rey, chanoine, fût placé à la tête du diocèse d'Aix, en qualité de vicaire général capitulaire, généralement les prêtres, excepté quelques cerveaux malades, gémirent de l'élévation d'un homme qui, depuis six mois, semblait avoir contracté une alliance honteuse et pris a tâche de contrister Mgr de Richéry. Il avait en effet publié une brochure, dans laquelle il osait prendre sur les déterminations du pieux et modeste prélat une insolente initiative. A ses yeux on ne se pressait pas assez de rendre hommage à la révolution de Juillet et de se soumettre ostensiblement au régime qui en était sorti.

Mgr de Richéry n'avait pas le caractère assez énergique pour imposer silence au chanoine rebelle; il concentra son émotion et sa douleur dans son âme et mourut quelque temps après d'une attaque d'apoplexie, emportant dans la tombe les regrets unanimes du clergé; regrets d'autant plus vifs et profonds, qu'on s'attendait, ce qui arriva en effet, à subir encore le joug de M. Rey.

Le Chapitre alors, comme presque toujours, était composé de vieux prêtres, infirmes, d'une intelligence médiocre et sans énergie. M. Rey était relativement jeune, maniait assez bien la parole et la plume; il lui était donc facile de galvaniser à son gré ces cadavres ambulants, et de les traîner à sa remorque. On ne l'estimait pas ; on l'aimait encore moins ; et cependant il fut nommé premier vicaire général capitulaire ; cette élection fut naturellement confirmée par le gouvernement de Juillet. Il était visible que c'était là sa première étape avant d'arriver à l'épiscopat.

Depuis longtemps l'ambitieux chanoine aspirait à cette dignité ; c'est probablement dans cette vue qu'en 1814 et surtout en 1815, lui plus que tout autre avait traîné dans la boue du haut de la chaire le drapeau tricolore, et élevé jusqu'aux nues le drapeau blanc ; mais la Restauration ne fit aucun cas de ce zèle excentrique, soit que M. Rey ne fût pas jugé à la hauteur du poste qu'il convoitait, ce que je suis tenté de croire, soit que l'excès même de ses démonstrations le rendît suspect. Ce qui est encore assez probable.

Ce jeûne de quinze ans qu'on lui avait fait subir, contribua sans doute à cette volte-face dont nous fûmes tout à la fois les témoins et les victimes. Il chanta la palinodie avec le même zèle et la même chaleur de style ; dans ses amplifications évangéliques le drapeau tricolore fut tiré de la poussière et le drapeau blanc devint l'objet de ses sarcasmes et de ses anathêmes.

Quelques voix se firent entendre, pour signaler et flétrir cette sorte d'apostasie ; mais leur résistance isolée n'eut d'autre résultat que d'amasser sur la tête de ces rares opposants tout le poids d'une basse colère.

Notre clergé se souviendra qu'il fut un temps où les officiers municipaux étaient chargés par l'autorité diocèsaine de surveiller nos actes et d'inspecter nos cérémonies ; où les avis menaçants d'un sous-préfet nous étaient communiqués comme une décision des congrégations romaines ; où la sublime prérogative d'enseigner les peuples était supprimée, certains jours de fête, pour dissiper les ombrages d'un pouvoir *trembleur* ; ainsi le doigt de l'homme, d'un homme-prêtre, effaçait ce qu'avait écrit le doigt de Dieu.

« Prenez-garde, disait-on aux membres du jeune clergé qui n'adoraient pas le veau d'or ; prenez-garde, si vous vous agitez un peu trop, nous vous ferons jouer le rôle du Juif-Errant dans le diocèse ; ne troublez pas la bonne harmonie qui doit régner entre le clergé et les agents municipaux ; nous recevrons comme des preuves authentiques d'un zèle intempestif toute plainte émanant de ces derniers. »

Enfin M. Rey fut promu à l'évêché de Dijon.

« Il est des temps déplorables, *(Luctuosis temporibus)* pour me servir des expressions de notre révérend Claude, où pour le bien de la paix universelle, on permet ce qu'on appelle un moindre mal, pour éviter de plus grands désordres ; extrémités bien fâcheuses et temps vraiment déplorable, qui ne sont pas rares, hélas ! dans l'histoire de l'Eglise. » En lisant ces paroles échappées de sa plume dans le *Monitum* de l'*Ordo* de 1832, la pensée se porte instinctivement sur Balaam, forcé par l'inspiration divine de prophétiser en faveur d'Israël et de maudire ceux qui voulaient le charger d'or et d'honneurs.

Temps en effet déplorables où les ministres inférieurs de l'Église sont comme le marchepied dont se servent les ambitieux pour monter plus haut ou comme des victimes qu'ils offrent en holocauste au Dieu-Montalivet (1) ou à tout autre Dieu de même nature.

Mais par là même que ces temps sont fâcheux et déplorables, on ne devrait pas les aggraver par l'adulation. Cependant quelques prêtres d'une conduite équivoque et d'une ambition vulgaire sont venus faire leur cour au nouveau prélat et ramasser autour de sa table les miettes de ce pain qu'il avait acheté au prix de nos persécutions.

---

(1) Alors un des ministres de Louis-Philippe.

D'autres qui passaient pour des gens honnêtes, se disant entraînés par la force supérieure des choses, n'ont pas rougi de saluer de leurs acclamations le soleil levant ; un d'eux, après s'être excusé auprès du chapitre des mensonges qu'il allait débiter, lui adressa un jour de fête, le compliment le plus flatteur et le plus emphatique, de cette voix tremblante et de ce ton nasillard, que ceux qui lui ont survécu n'ont pas oublié ; enfin pour achever le tableau, une place distinguée lui avait été désignée dans le chœur de l'église métropolitaine et nos prudents chanoines, chacun à son tour, recevant l'encensoir des mains des thuriféraires, l'élevaient respectueusement devant la face de l'évêque élu.

Le jour du sacre fut encore pour lui une brillante journée ; il devait y recevoir, avec la plénitude du sacerdoce, cette abondance des dons de l'Esprit-Saint, qui faisaient des hommes nouveaux des successeurs immédiats des apôtres. Mais chose étonnante et en quelque sorte monstrueuse ! combien de prélats ont trouvé dans leur sacre un écueil où leur modeste vertu a fait un triste naufrage ; la sphère d'activité de leurs défauts s'est agrandie avec une élévation qui était au-dessus de leurs forces et de leurs mérites et le peu de lumière qu'ils avaient reçue de la droite raison, a été absorbée dans l'auréole qui couronne leur suprême dignité.

Mgr Claude, évêque de Dijon, par la grâce du St-Siége apostolique, a appartenu malheureusement à cette dernière catégorie de prélats ; combien d'abus de pouvoir a-t-il commis, après avoir pris possession de son siége ? Je l'ignore, mais il a trouvé dans ce diocèse des hommes de foi et d'énergie, à tel point que le gouvernement lui-même s'en est ému ; on a dû lui faire comprendre qu'une retraite spontanée était indispensable pour redonner à ce diocèse la paix dont il jouissait auparavant ; après sa démission, on l'a fait chanoine de St-Denis ; on lui a permis de jouir de ses revenus dans sa propre maison de la ville d'Aix, où il a passé les dernières années de sa vie dans l'obscurité la plus complète, supportant, dit-on, avec beaucoup de résignation la honte bien méritée de sa chûte.

L'abbé Montagard, qui est mort curé de St-Trophime, avait assisté à ses derniers moments; il m'a rapporté qu'avant de recevoir le Saint-Viatique, le prélat s'exprima ainsi d'une voix mourante : « Je pardonne à tous ceux, quels que soient leurs titres et de quelques dignités qu'ils soient revêtus, tous les chagrins qu'ils m'ont donnés. » Mgr Morlot, archevêque de Paris et cardinal, ancien vicaire général de Dijon, se présentait alors à sa pensée. Mais le souvenir de Mgr de Richéry, de MM. Boulard et Gal et des prêtres qu'il avait sacrifiés à son ambition ne lui inspirait-il pas quelques remords ? Pas une parole n'est sortie de sa bouche concernant ce revers de la médaille :

Judicia tua, Abyssus multa !!

N° 10

2 Septembre 1835.

M. Poujoulat aîné, qui est devenu un personnage important en politique et dans les lettres, avait été mon condisciple au grand Séminaire en 1826 et 1827. Quoiqu'il fût très-intelligent et qu'il s'occupât beaucoup de littérature et surtout de poésie, rien ne faisait présager dans l'écorce un peu rude du villageois de La Fare une âme d'élite et un écrivain distingué. Comment fut-il introduit dans la société de M. Michaud qui l'associa à ses travaux historiques et littéraires et l'attacha à la rédaction de la *Quotidienne*, ce sont des détails que j'ai toujours ignorés.

Depuis son départ du grand Séminaire, je le revis pour la première fois sur le Cours à Aix, lorsque j'allais partir pour Salon ; nous eûmes seulement le temps de nous donner quelques poignées de main chaleureuses et d'échanger quelques questions sur notre position respective et sur nos camarades du grand Séminaire. Il me parut très-satisfait ; je crois que c'était en 1830, avant la révolution de Juillet.

En 1832, j'étais curé des Cadeneaux ; un dimanche d'été, après avoir dit la première messe, je m'étais assis sur une chaise devant la porte du presbytère, en attendant l'heure de la seconde messe ; il faut savoir que l'ancienne église était à deux pas de la route par laquelle on allait de Marseille aux Pennes, à Berre, à La Fare, à Salon, à St-Chamas, etc.

Tandis que j'étais livré à mes réflexions, qui ne pouvaient être que pieuses entre deux messes, j'aperçus trois voitures, vulgairement dites cabriolets, qui s'avançaient à la file et dont les voyageurs paraissaient de loin se préoccuper de ma présence ; lorsqu'elles furent arrivées en face de l'église, je les vis couper la route à droite et se diriger vers le presbytère ; je me dressai à l'instant pour aller à leur rencontre ; dès que nous fûmes à portée de nous bien distinguer et de nous entendre, la grosse voix de Poujoulat frappa agréablement mes oreilles : « Bonjour, cher curé. » — « Ah ! cher ami, je suis heureux de vous voir ; eh bien ! descendez tous, venez vouz reposer et vous rafraîchir dans mon modeste presbytère. » Poujoulat descendit le premier, nous nous embrassâmes cordialement ; ses compagnons de route, au nombre de sept ou huit nous suivirent dans mon salon où mon excellente mère, qui avait deviné ma pensée, s'empressa d'apporter des biscuits, des verres et une bouteille de vin blanc ; après avoir fait honneur à mon offrande hospitalière, sans que je pusse moi-même y prendre part, Poujoulat me raconta qu'il venait de l'Orient, c'est-à-dire, de la Judée, avec son savant protecteur M. Michaud, qu'il avait rempli une bouteille de l'eau du Jourdain, précisément à l'endroit où selon la tradition Jésus-Christ avait reçu le baptême des mains du St-Précurseur et qu'il allait faire servir cette eau au baptême d'une de ses nièces à La Fare.

Je le félicitai de son heureux voyage, de ses succès littéraires, de la pieuse pensée qu'il avait eue d'apporter de l'eau du Jourdain et enfin du bon souvenir d'amitié qu'il avait conservé pour moi, malgré la médiocrité et l'obscurité même de mes fonctions. Nous nous embrassâmes de nouveau avec les mêmes sentiments affectueux ; je donnai une bonne poignée de main à ses camarades, dont je n'ai jamais su ni le nom ni la position, je les accompagnai jusqu'à leurs voitures et je leur donnai à leur grande satisfaction, au moment où ils partaient, ma bénédiction pastorale.

Depuis cette courte visite, je n'avais plus eu de relations avec Poujoulat ; je savais seulement par l'abbé Sibour notre ami commun, avec lequel il était depuis quelque temps en correspondance, quelle était sa position à Paris, et de quelle considération il jouissait ; ce qui me porta à lui envoyer un prospectus de notre établissement, en l'accompagnant d'une lettre dont je n'ai pas gardé copie et à laquelle il me fit la réponse suivante, beaucoup trop flatteuse pour moi.

« Mon cher Jonjon,

« J'étais à Montbéliard avec MM. Michaud et Nodier envoyés pour assister à l'inauguration de la statue de Cuvier, lorsque ta lettre arrivait à Passy ; voilà pourquoi ma réponse s'est fait un peu attendre,

« Je n'ai point poussé les *hauts cris* (1) en voyant ton nom au bas d'une lettre à mon adresse ; je me suis contenté de sourire de plaisir et de te remercier intérieurement d'avoir songé à moi. Je suis de ceux qui trouvent du bonheur dans le culte des souvenirs ; aucun nom ne me charme comme le nom d'un ancien camarade ; la signature de Jonjon devait donc être la bienvenue à Passy. Les détails que tu me donnes sur ta vie m'intéressent beaucoup ; tu as eu la destinée des hommes de génie, mon cher ami ; l'enthousiasme et les ardentes amitiés se sont attachés à tes pas en même temps que les grandes haines ; il ne faut point te plaindre ; ton lot est magnifique.

« J'ai lu attentivement et avec un très-vif intérêt le prospectus de l'établissement Menpenti ; il y a dans ce prospectus l'idée d'une belle régénération dans les études, et tout me fait penser que votre entreprise réussira ; je te promets d'annoncer l'établissement Menpenti dans les principaux journaux de Paris.

« Mais de quel vertige est donc frappé votre évêque ?

---

(1) J'avais employé cette locution dans ma lettre.

Pourquoi les chefs de votre clergé s'obstinent-ils à rester dans les vieux chemins au milieu des imperfections et des ruines du passé ? Hélas ! ce n'est pas seulement l'évêque de Marseille, ce sont la plupart des prélats de France qui se traînent ainsi misérablement dans les mauvaises routines et les systèmes décrépits ! Le clergé catholique devrait être à la tête du siècle comme la colonne lumineuse du désert, et je m'afflige de le voir à la queue de la société comme une arrière-garde boîteuse et sans forces. C'est à de jeunes prêtres tels que toi, mon ami, qu'il appartient d'aiguillonner la caravane paresseuse, c'est aux jeunes talents de la nouvelle génération ecclésiastique qu'il appartient de crier le *veni foras* sur ce vaste sépulcre sacerdotal. L'établissement Menpenti entre des mains puissantes peut devenir un grand moyen d'action dans le sens du renouvellement que j'indique, et je ne doute pas que toi et tes coopérateurs vous n'arriviez à de beaux résultats.

« Adieu, mon cher Jonjon, tu me feras le plus grand plaisir quand tu me donneras de tes nouvelles et de celles de Menpenti ; je serai toujours disposé à te servir dans toutes les choses qui me seront possibles. En échange, je te demanderai un peu d'amitié et de temps en temps un tendre souvenir.

« POUJOULAT.

« *Passy, le 2 Septembre 1835.* »

N° 11

« ÉCHO DE LA JEUNE FRANCE »

Que n'aurais-je pas à dire sur ce petit journal, dont je fus un des premiers abonnés et qui fut fondé après 1830, par de jeunes littérateurs qui étaient tout à la fois catholiques et royalistes. Voici ce que je pensais à cette époque qui fut une sorte de renaissance religieuse, après le voltairianisme des *libéraux*, sous la Restauration. J'accompagnai l'envoi d'un prospectus aux Rédacteurs du journal des considérations suivantes :

« *Octobre 1835.*

« Monsieur le Rédacteur,

« Lorsque l'*Écho de la Jeune France* parut sur la scène littéraire, des événements prodigieux venaient de s'accomplir ; les uns y avaient applaudi avec entraînement et avec cette joie féroce que l'hypocrisie seule est capable de manifester en présence d'une noble infortune. Les autres, glacés d'effroi et mourant de consternation, avaient cru que le règne des principes sociaux touchait à son heure suprême et que le dernier soleil s'était levé sur la société entière ; d'autres enfin dont les sages prévisions avaient annoncé la catastrophe du char politique et qui plusieurs fois avaient importuné de leurs sévères remontrances ses conducteurs imprudents ou inhabiles, d'autres, dis-je, s'étaient résignés franchement à la nouvelle transformation politique qu'une main de fer nous avait faite. Au milieu des éclats de la foudre et de la chute des trônes, ils avaient distingué je ne sais quelle voix mystérieuse qui dominait tous ces bruits sinistres et qui appelait à la réforme sociale tous les *hommes de bonne volonté.*

« Le symbole de la foi catholique fut arboré sur les ruines encore fumantes d'une monarchie séculaire ; les stupides envahisseurs de l'archevêché en profanaient encore les dépouilles ; mais déjà le sanctuaire des lois retentissait des applaudissements que le nom du Pontife romain avait soulevés dans un nombreux auditoire ; une société fut fondée pour hâter les progrès de la reconstruction morale et répandre au loin l'empire des nouvelles idées. Toute la génération actuelle fut conviée à mettre la main à l'œuvre.

« Nous ne dirons pas si les hommes politiques ont répondu à cet appel ; à d'autres le soin de contrôler leurs actes et de signaler ou leur coopération ou leurs égarements. Nous ne prétendons pas non plus citer le clergé à notre barre. Encore sous l'impression terrible que les événements de 93 lui avaient faite, peut-être une grande majorité a-t-elle plutôt suivi les aspirations rétrogrades d'une crainte pusillanime qu'écouté le cri sublime de l'espérance. A nos descendants le droit de prononcer sur cette question de fait une décision impartiale.

« Mais quelle que soit l'opiniâtreté de certains préjugés et dussions-nous provoquer la froide acrimonie de certains caractères, il est un aveu que l'impérieuse conviction doit nous arracher, malgré la juste défiance que nous inspirent nos faibles lumières. Mais que redoutons-nous ? Pourquoi tant d'hésitation à nous prononcer ? Tandis que les écrivains les plus éminents de l'époque soutiennent la *Jeune France* de leur puissant patronage, qu'ils lui prédisent succès, gloire, avenir, pourquoi des prêtres catholiques craindraient-ils de s'aventurer, en faisant un aveu public et énergique de leurs sympathies pour les nobles efforts et la généreuse persévérance de ces *jeunes intelligences* qui puisent leur courage et leurs lumières au foyer du christianisme ?

« Non, M. le Rédacteur, lorsque nous croyons à une vérité, nous aimons à la publier hautement ; la charité chrétienne représentée autrefois dans le cénacle sous l'image de langues de feu, est une vertu d'expansion et de prosélytisme ; or, à une époque de mouvement et de réforme, l'inaction nous paraîtrait une apostasie et la dissimulation un crime de lèse-société.

« L'*Écho de la Jeune France* comptait à peine quelques jours d'existence, et nous nous empressâmes d'unir notre faible voix aux mille voix retentissantes qui l'encourageaient. Depuis, dans les différentes positions où la Providence nous a placés, nous n'avons cessé de faire connaître cette feuille, d'en propager les principes, et de favoriser leurs succès, selon la mesure de nos moyens et de notre influence.

« Cependant des cris d'alarme se sont fait entendre ; des hommes se sont rencontrés, qui aspirant au monopole du bien et de la vérité, ont prétendu qu'il leur appartenait ; mais autres temps, autres mœurs et parconséquent autres institutions : ils ont jeté à la face de la *Jeune France* des écrits injurieux qui ne prouvent qu'une chose, l'impuissance d'une caducité envieuse et dont la jeunesse s'est vengée par des actes et des entreprises utiles. Elle a poursuivi sa marche triomphante, à force de sacrifices et de dévoûments : sa prospérité toujours croissante n'a pas engourdi ses bras ni amolli son courage et les publications les plus avantageuses à la société se sont succédées avec une rapidité qui est tout à la fois une preuve de talent et de zèle.

« Nous n'avons jamais été, M. le Rédacteur, témoin impassible des travaux de la *Jeune France ;* nous soupirions depuis longtemps après le moment où la Providence changeant notre position trop dépendante, nous permettrait de consacrer légitimement tous nos loisirs au grand œuvre que vous poursuivez avec tant de gloire. Nous nous sommes interrogés devant Dieu et nous avons mesuré nos forces, pour savoir comment nous pourrions devenir vos coopérateurs le plus efficacement et le plus directement possible.

« Après un mûr examen et nous être assurés du concours de professeurs, animés des mêmes principes, nous avons arrêté nos pensées sur un projet d'une maison d'éducation dont vous trouverez ci-joint le prospectus.

« La génération qui nous précède et qui vit encore en partie au milieu de nous, n'a rien fait, il faut le dire, pour préparer un avenir à notre jeunesse. Faire des ruines, reconstruire sur le même sol encore mouvant des édifices éphémères, laisser tomber de mépris en mépris jusqu'à la poussière des chemins les maximes éternelles et s'entre-déchirer pour des formules d'invention humaine et des institutions arbitraires : telle est en général la physionomie de la génération à laquelle nous succédons.

« A nous donc, infortunés héritiers d'un père coupable, de reprendre la société par sa base, de travailler sur une matière vierge, vigoureuse et féconde. C'est là, nous le voyons, le but constant de toutes vos entreprises ; ce sera aussi le nôtre. Nous ne pensons pas qu'une maison d'éducation dirigée par des prêtres soit aujourd'hui une excentricité ridicule ; l'école voltairienne n'existe plus ; c'est un fait presque accompli ; le sacerdoce catholique redevient ce qu'il doit être, d'après son institution ; en se chargeant de l'éducation de la jeunesse, il ne fait que rentrer dans ses droits que la tempête des derniers temps avait emportés : le christianisme répond incontestablement à tous les besoins de la société ; or *l'homme ne vit pas seulement de pain,* a dit la Sagesse incarnée ; le prêtre de J.-C. a donc tout à la fois le devoir et le droit de prendre part à toutes les entreprises morales.

« Nous espérons, M. le Rédacteur, que nous ne bornerons pas nos relations à cette communication que nous venons de vous faire; votre journal sera désormais le dépositaire de toutes nos pensées et le confident de nos sentiments les plus intimes; vous pouvez donc en annonçant notre établissement, le considérer comme votre œuvre; c'est à ce titre que nous appelons votre sollicitude sur nos premiers efforts; nous recevrons avec reconnaissance les encouragements et les conseils dont vous voudrez bien nous honorer. Ayant les mêmes principes et le même but, puissions-nous être couronnés du même succès. »

P.-S. — Lorsque j'ai écrit ce qui précède, je voyageais comme mes contemporains, dans le pays des chimères et des illusions; plusieurs révolutions se sont succédées; mais l'Université de France est toujours debout et aujourd'hui comme alors elle enserre la jeunesse dans son cercle de fer.

Pour ne plus revenir sur ce sujet, j'anticipe en insérant la lettre suivante que le vicomte Walz, auteur des *Lettres Vendéennes*, m'adressa le 27 mai 1337.

ÉCHO DE LA JEUNE FRANCE
& REVUE CATHOLIQUE
Rue St-Honoré, 345

« Monsieur,

« L'*Écho de la Jeune France* a besoin des sympathies des hommes comme vous. Voilà cinq ans qu'il fait la guerre aux mauvais principes et qu'il lutte pour conserver à la jeunesse française les vieilles doctrines d'honneur d'autrefois. Ce ne sera pas vous qui abandonnerez ceux qui luttent pour ce que vous aviez, pour ce que vous espérez. Vous resterez avec nous, vous nous aiderez dans nos travaux. Parmi mes collaborateurs, je compte des jeunes gens, ils s'arrangent de mes cinquante ans, parce que mon cœur n'a pas trop vieilli, et que j'ai encore dans l'âme un grand amour pour ce qui est noble et élevé, un grand dégoût pour ce qui est bas et vil.

« Veuillez, Monsieur, me donner l'assurance que vous continuerez à être des nôtres et recevez celle des sentiments distingués avec lesquels j'ai l'honneur d'être, Monsieur, votre très-humble serviteur.

« V. WALZ,
« Auteur des *Lettres Vendéennes.* »

Tout cela était aussi bien dit que bien pensé et bien senti. Comme je partageais alors les illusions de cet homme d'intelligence et de cœur sur l'avenir qui paraissait s'annoncer pour la *Jeune France*, dont nous faisions partie, je ne pouvais qu'être enthousiasmé de ce langage. Aussi je n'hésitai pas à renouveler notre abonnement, en adressant à M. le Vicomte une lettre sympathique, dont je n'ai pas gardé la copie.

Il est à remarquer que nos affaires de *Menpenti*, qui venaient alors de se terminer, n'avaient pas fait une bien mauvaise impression sur l'esprit de cet écrivain aussi recommandable par sa foi religieuse que par ses doctrines politiques.

Il est encore bon de noter que le langage qu'il tient sous Louis-Philippe est à peu près encore aujourd'hui celui que tiennent les écrivains honnêtes en faveur du Comte de Paris, petit-fils de l'usurpateur.

TABLE

Prologue... 5

PREMIÈRE PARTIE
PROFESSORAT AU PETIT SÉMINAIRE DE MARSEILLE

CHAPITRE PREMIER
ANNÉE CLASSIQUE 1833-34

Avant-propos... 9
Portraits.. 12
Je suis nommé Directeur des classes........................ 31
Suites de ma nomination.................................... 35
Fin de l'année scolaire.................................... 44

CHAPITRE II
ANNÉE CLASSIQUE 1834-35

Divers incidents jusqu'au Carême........................... 48
Préliminaires de la dissension............................. 54
Début de la dissension..................................... 57

CHAPITRE III
MON EXPULSION DU PETIT SÉMINAIRE

Cause ou prétexte de cette expulsion....................... 70
Ma visite à l'Évêché et suites de mon entretien avec Mgr d'Icosie 74
Observations théologiques ou canoniques.................... 93
Incidents du Petit Séminaire............................... 94

CHAPITRE IV
SUITES DE L'ANNÉE CLASSIQUE 1834-35

Relations avec l'Évêché de Marseille et avec les Vicaires généraux capitulaires d'Aix................................. 102
Troisième invasion du choléra.............................. 121
Préparatifs du Pensionnat Menpenti......................... 124

CHAPITRE V

AFFAIRES JONQUIER ET REY

	Pages
Appréciation du *Sémaphore*.	128
Compte-rendu de ce jugement avec l'appréciation de la *Gazette du Midi*.	131
Mon appréciation d'après le Droit Canon.	135
Mon appréciation personnelle, suivie d'un article du *Sémaphore*	139
Mgr Rey, évêque de Dijon.	145

CHAPITRE VI

SUITE DES MENÉES DE L'ÉVÊCHÉ CONTRE LES FONDATEURS DE MENPENTI

Lettre de l'abbé Blanc et réponse de l'Évêché.	150
Note de la *Gazette* — Synode et Circulaire aux Curés.	152
Divers écrits publiés pour et contre le Pensionnat Menpenti.	160

APPENDICE

N° 1. — Autres détails sur mon départ de St-Remy.	189
N° 2. — Doctrine des Anciens sur le professorat.	199
N° 3. — Discours aux Membres de l'Académie du Petit Séminaire du Sacré-Cœur de Marseille (1833).	203
Discours prononcé à une distribution de prix au Petit Séminaire de Marseille.	208
Discours qui devait être prononcé à la distribution des prix à la fin de l'année classique.	211
N° 4. — Lettre d'un élève.	217
N° 5. — Permission de célébrer.	219
N° 6. — Variante sur ma sortie du Petit Séminaire.	221
N° 7. — Lettre aux Curés en réponse à la Circulaire.	224
N° 8. — Lettre à M. le Ministre des Cultes sous la signature de M. l'abbé Vidal, administrateur de la Maison.	226
N° 9. — Variante sur Mgr Rey, promu à l'évêché de Dijon (1832).	229
N° 10. — Mes relations avec Poujoulat.	234
N° 11. — *Écho de la Jeune France*.	238

ERRATA

Page 83, ligne 20, lisez : *15 Mai.*
» 202, » 9, placez ici le dernier vers :
Que nous avons reçue au foyer paternel ?

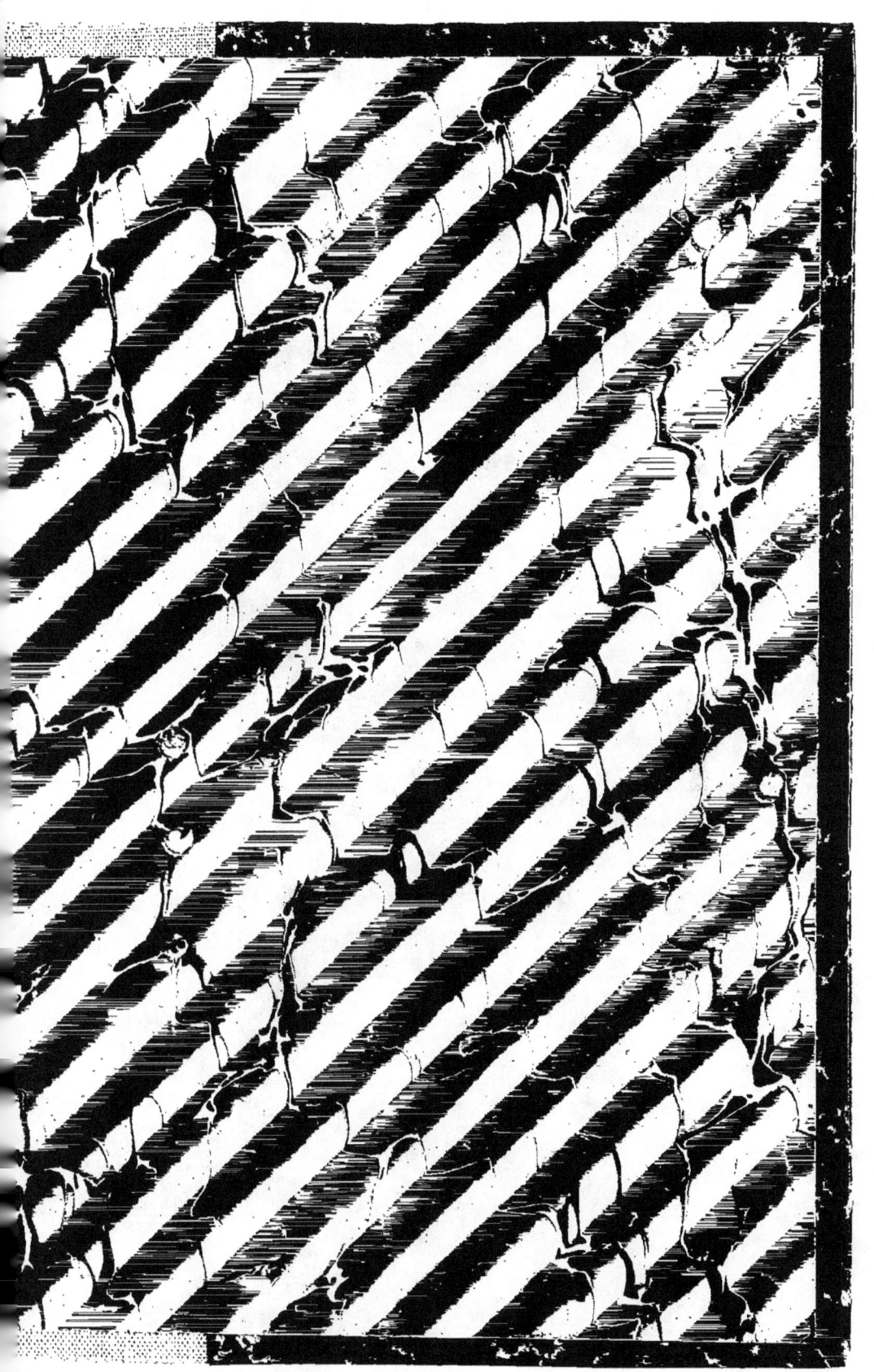

www.ingramcontent.com/pod-product-compliance
Lightning Source LLC
Chambersburg PA
CBHW050348170426
43200CB00009BA/1780